四方围棋双语教室

四方围棋 著

任黎 绘

围棋入门基础训练

化学工业出版社

·北京·

内容简介

本书是为围棋水平从零基础到15级的棋友专门编写的习题集。全书一共收录了502道习题，对应《围棋入门一学就会》的全部内容。书中较为复杂的题目，在答案部分都给出了除正解外的其他变化，如失败图、正解的其他示例等，更便于棋友理解。

书中题目包含连接和分断、各类吃子技巧、初级死活和对杀等，灵活多变，难易程度适中。棋友们可将本书习题当作《围棋入门一学就会》的课后练习，通过做题可以更好地消化和吸收书中内容，夯实各类基础知识，为学习更高阶的围棋知识打下坚实基础。

图书在版编目（CIP）数据

围棋入门基础训练/四方围棋著；任黎绘. —北京：化学工业出版社，2024.5

（四方围棋双语教室）

ISBN 978-7-122-44884-2

Ⅰ.①围⋯ Ⅱ.①四⋯ ②任⋯ Ⅲ.①围棋-基本知识 Ⅳ.①G891.3

中国国家版本馆CIP数据核字（2024）第059123号

责任编辑：宋　薇　　　　　　　装帧设计：张　辉
责任校对：王　静　　　　　　　版式设计：梧桐影

出版发行：化学工业出版社
　　　　　（北京市东城区青年湖南街13号　邮政编码100011）
印　　刷：北京云浩印刷有限责任公司
装　　订：三河市振勇印装有限公司
710mm×1000mm　1/16　印张12¾　字数192千字
2024年9月北京第1版第1次印刷

购书咨询：010-64518888　　　　　售后服务：010-64518899
网　　址：http://www.cip.com.cn
凡购买本书，如有缺损质量问题，本社销售中心负责调换。

定　　价：40.00元　　　　　　　　　版权所有　违者必究

目录

第一章

气

1. 数气

要求 不做任何标记，也不用手指，心算出黑子的气。

第 1 题

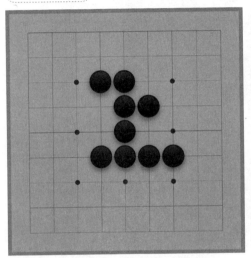

第 2 题

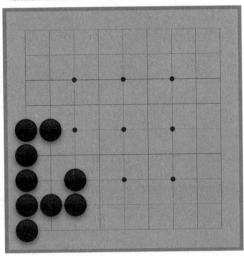

第 3 题

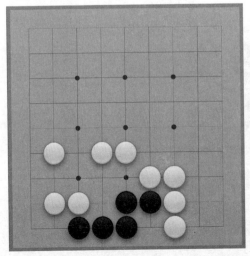

第 4 题

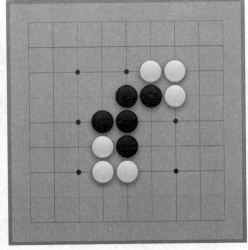

第 5 题

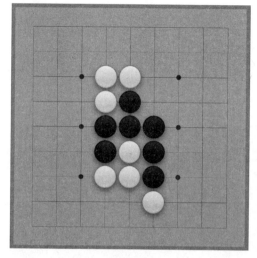

第 6 题

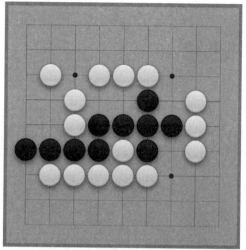

2. 打吃

 白先，打吃黑子。

第 7 题

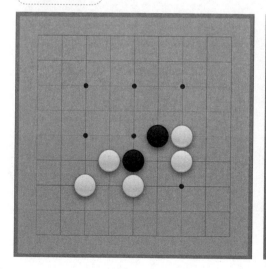

第 8 题

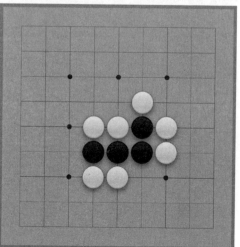

第 9 题

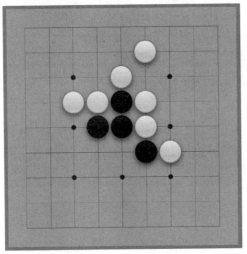

第 10 题

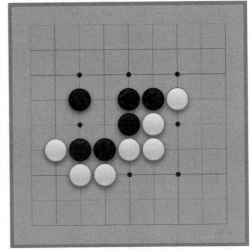

第 11 题

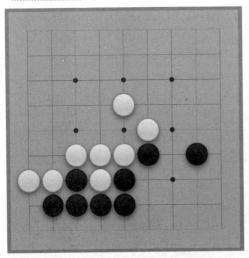

第 12 题

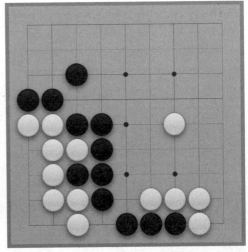

3. 提子

要 求 白先，提起黑子。

第 13 题

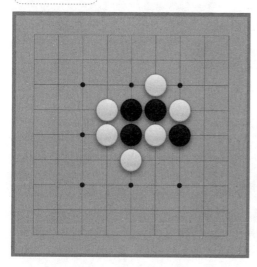

第 14 题

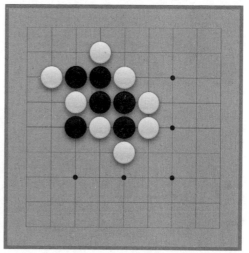

第 15 题

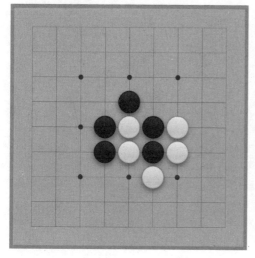

第 16 题

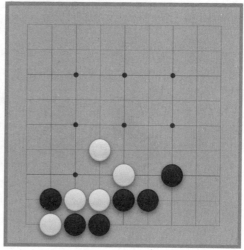

第 17 题

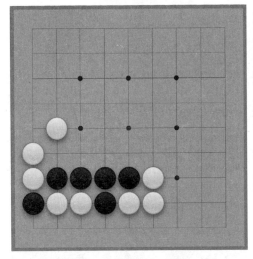

第 18 题

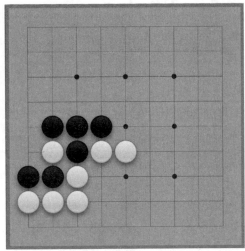

4. 逃跑

要 求 白先，逃跑被打吃的棋子。

第 19 题

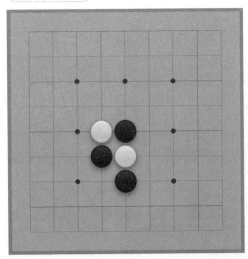

第 20 题

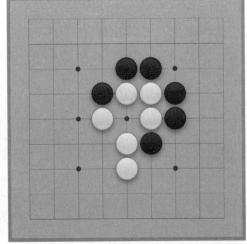

第 21 题

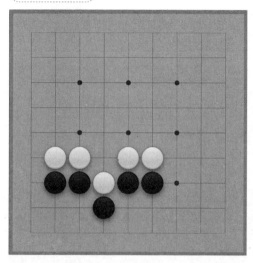

第 22 题

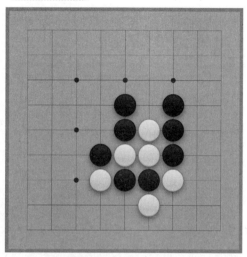

第 23 题

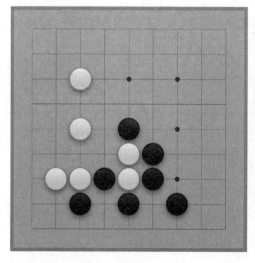

第 24 题

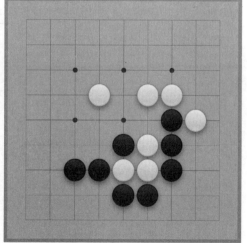

5. 虎口

要 求 白先，落子之后形成虎口。

第 25 题

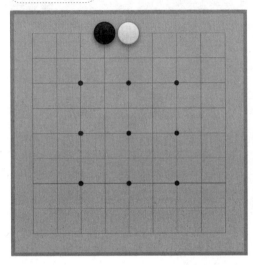

第 26 题

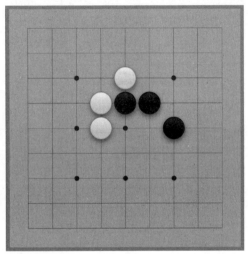

要 求 白先，一手棋做出两个虎口。

第 27 题

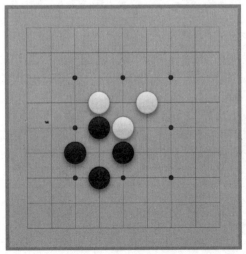

第 28 题

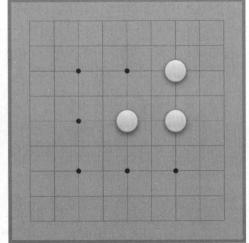

第 29 题

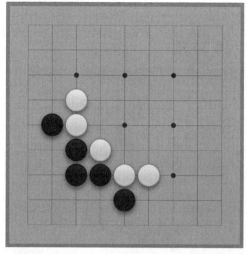

第 30 题

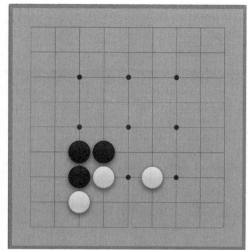

6. 禁入点

判断○是否为白方禁入点。

第 31 题

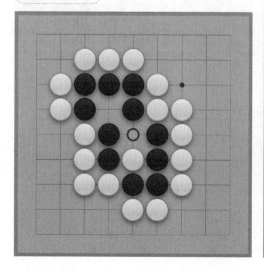

第 32 题

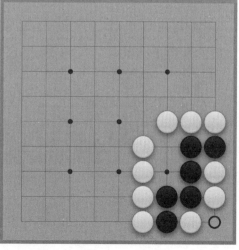

第 33 题

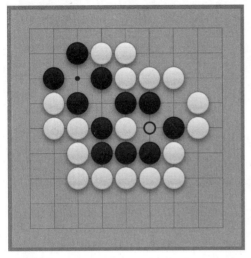

第 34 题

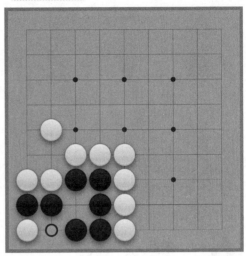

第 35 题

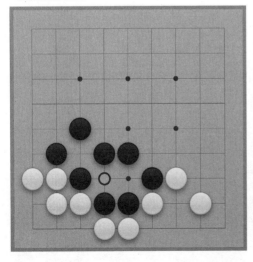

第 36 题

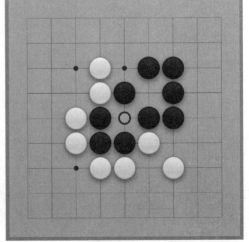

第二章

连接与分断

1. 块

要 求 说出白方有几块棋。

第 37 题

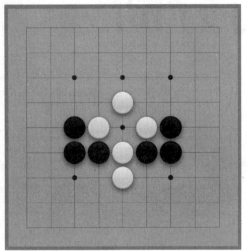

第 38 题

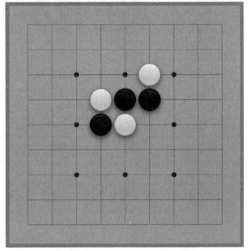

第 39 题

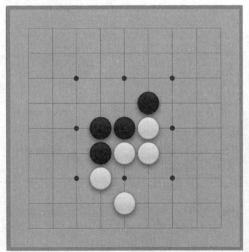

第 40 题

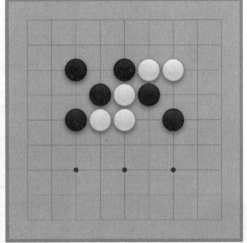

第 41 题

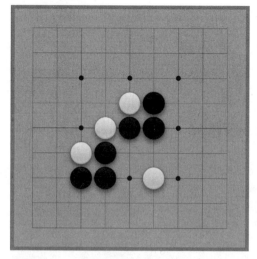

第 42 题

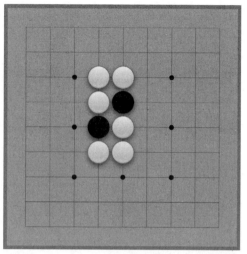

2. 连接

要 求　白先，将白子连成一块棋。

第 43 题

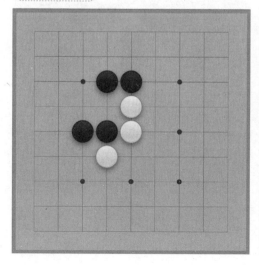

第 44 题

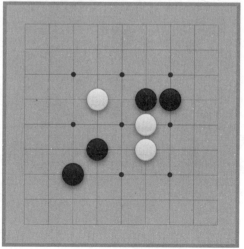

第 45 题 　（利用"双"连接）

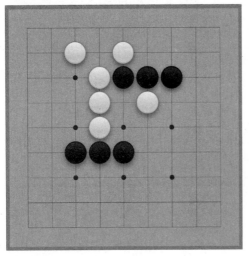

第 46 题

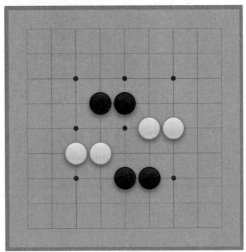

第 47 题

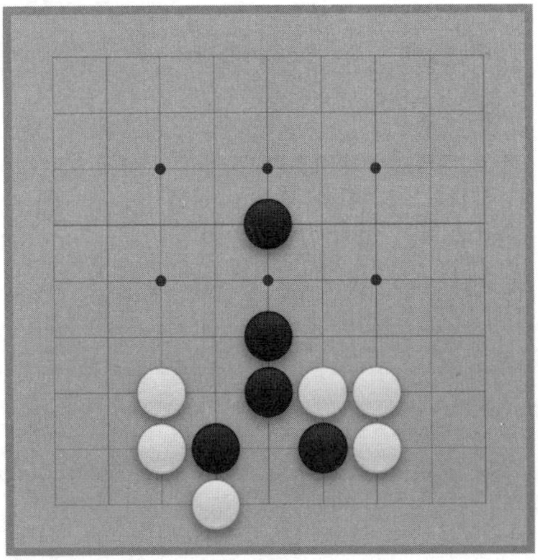

第 48 题

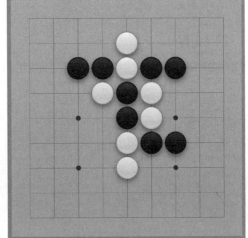

第 49 题

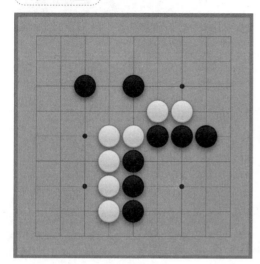

第 50 题

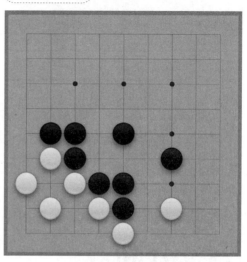

第 51 题

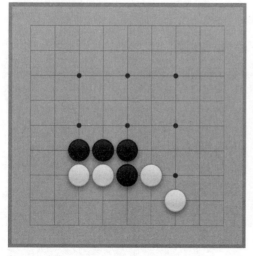

第 52 题

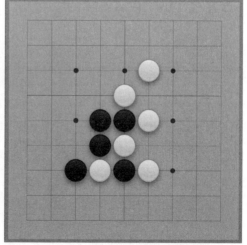

第 53 题

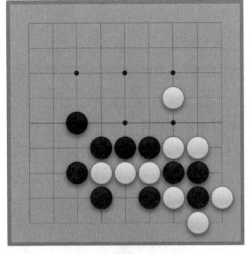

第 54 题 （利用"双"连接）

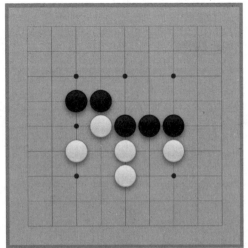

3. 分断

要 求 白先，分断黑棋。

第 55 题

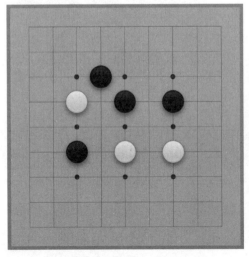

第 56 题

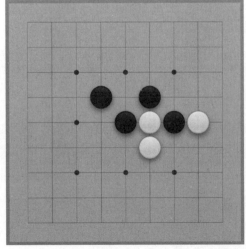

第 57 题

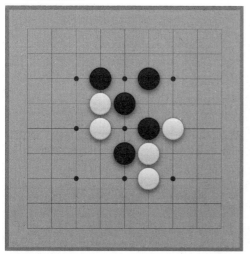

第 58 题

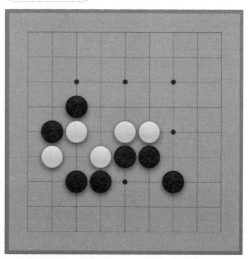

第 59 题

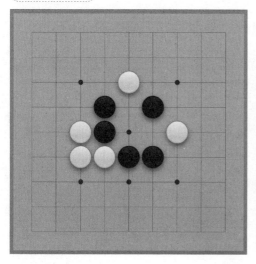

第 60 题

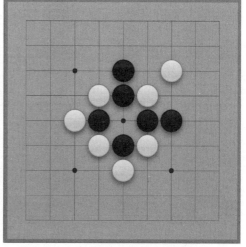

第 61 题

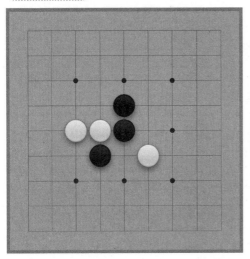

第 62 题

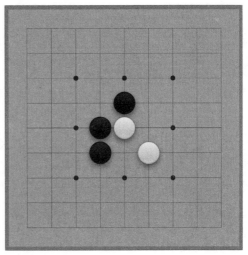

第 63 题

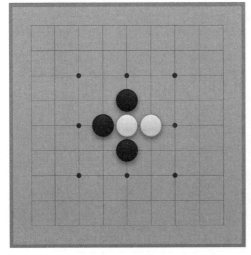

第 64 题

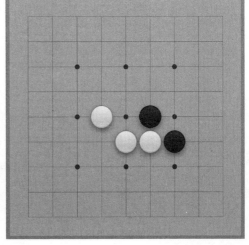

第 65 题

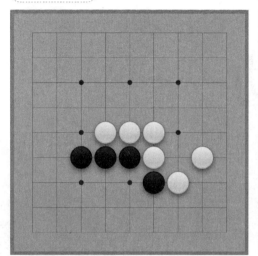

第 66 题

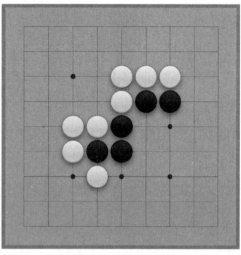

第三章

劫

判断是否成劫

要 求 白方先行的前提下，判断当前局面是否形成劫争。

第 67 题

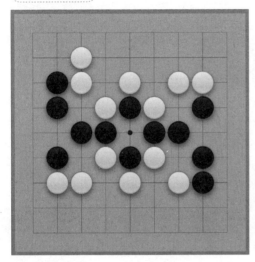

第 68 题

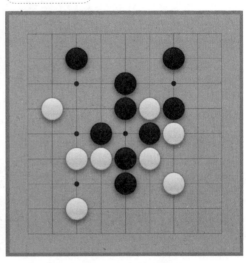

第 69 题

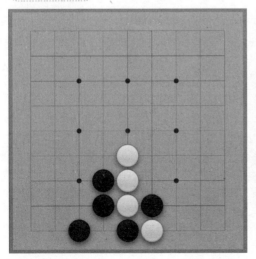

第 70 题

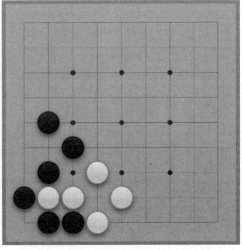

第71题

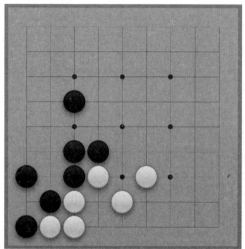

第72题

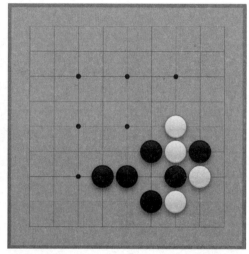

第四章

入门吃子（一）

1. 双打吃

要 求 白先，利用双打吃攻击黑棋。

第73题

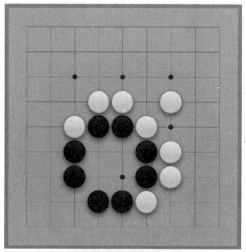

第74题

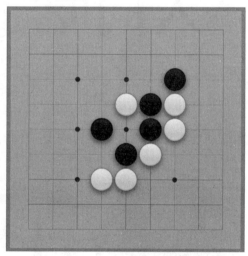

第75题

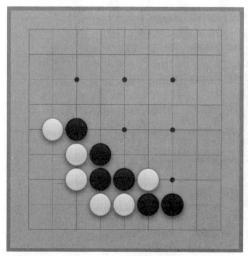

第76题

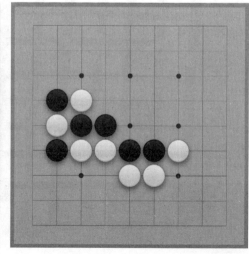

第 77 题

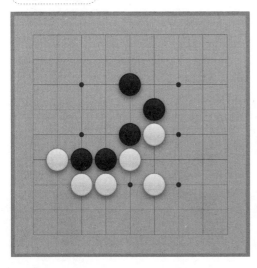

第 78 题

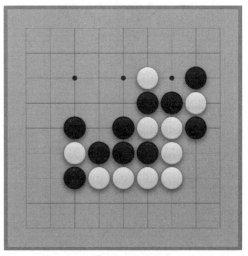

第 79 题

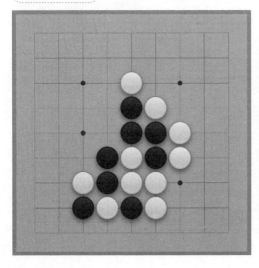

第 80 题

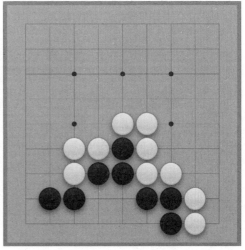

第 81 题

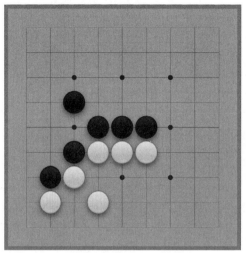

第 82 题

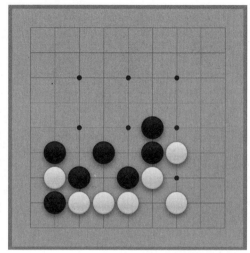

第 83 题

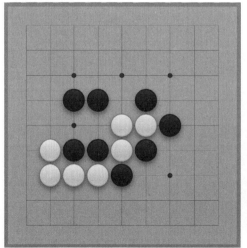

第 84 题

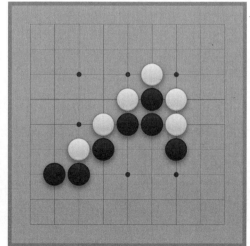

第 85 题

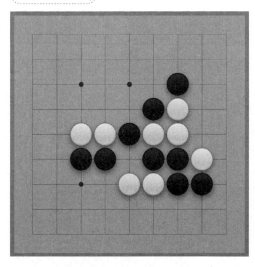

第 86 题

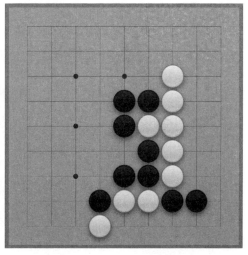

第 87 题

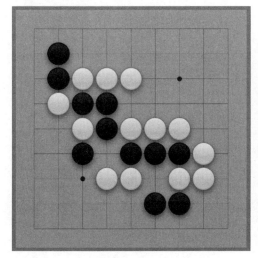

第 88 题

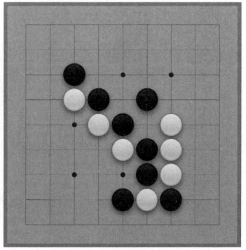

第 89 题

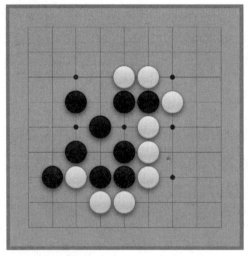

第 90 题

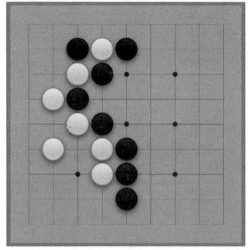

第 91 题

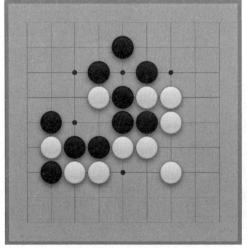

第 92 题

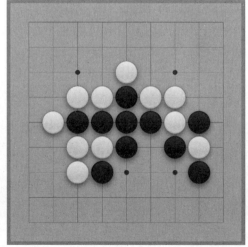

第 93 题

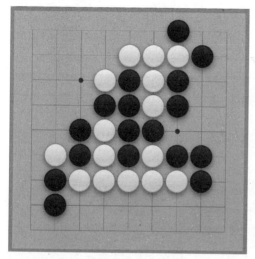

第 94 题

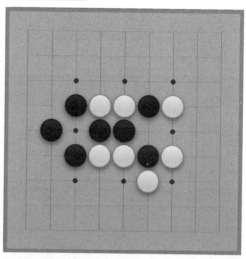

第 95 题

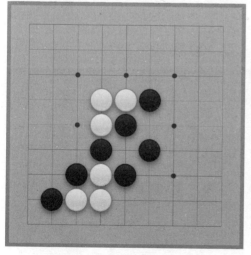

第 96 题

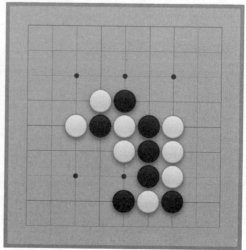

2. 门吃

要求 白先，利用"门吃"手段吃子。

第 97 题

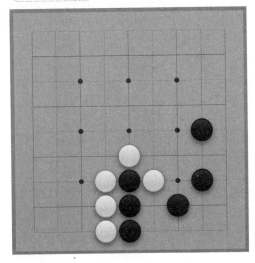

第 98 题

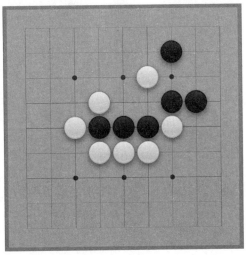

第 99 题

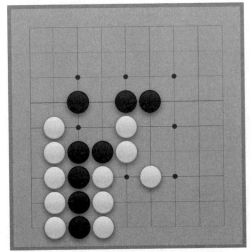

第 100 题

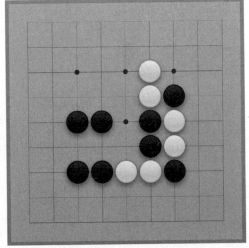

第 101 题

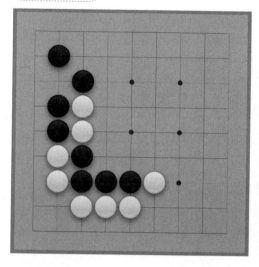

第 102 题

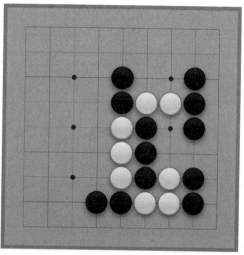

第 103 题

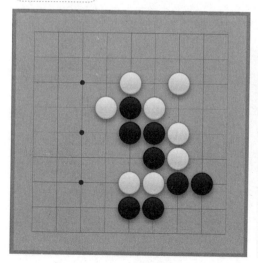

第 104 题

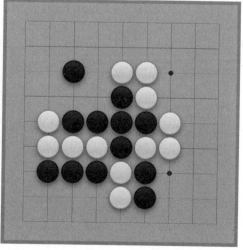

第 105 题

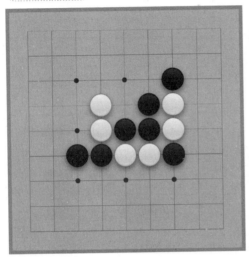

第 106 题

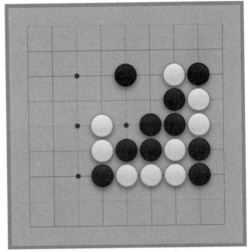

第 107 题

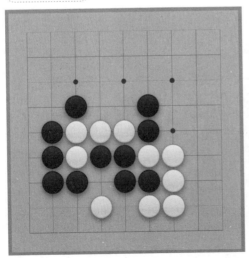

第 108 题

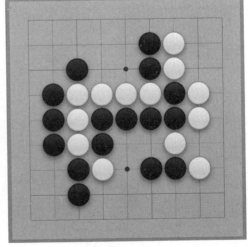

第 109 题

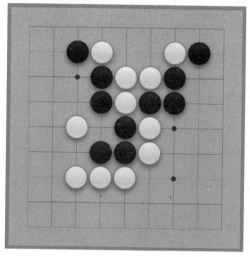

第 110 题

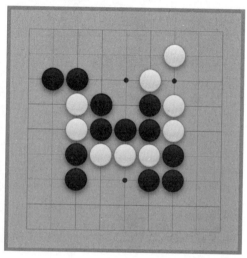

第 111 题

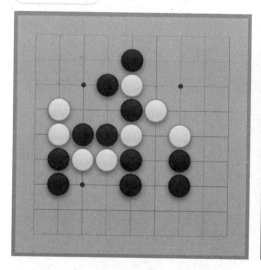

第 112 题

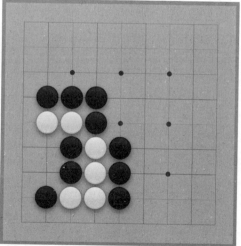

第 113 题

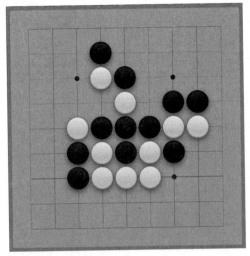

第 114 题

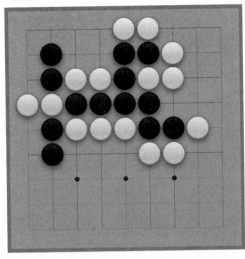

3. 抱吃

要求 （1）白先，利用"抱吃"手段吃子。

（2）如有必要，写出完整解题过程，详见第115题。

第 115 题（例）

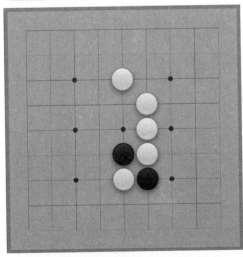

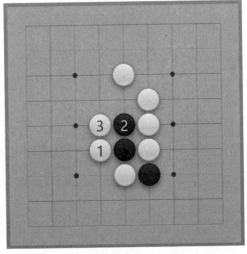

白1虽是正解，但黑子还有逃跑的余地。黑2能跑则跑，白方须在3位以"抱吃"的手段继续追吃黑子，直到黑子再无逃跑余地才算解题成功。写出1、2、3步就是完整的解题过程。

第 116 题

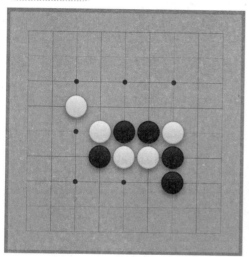

第 117 题

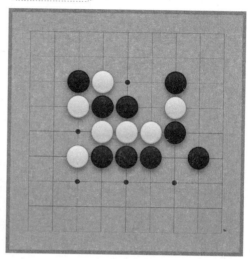

第 118 题

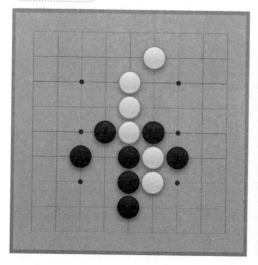

第 119 题

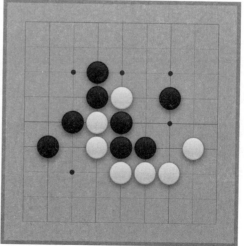

第 120 题

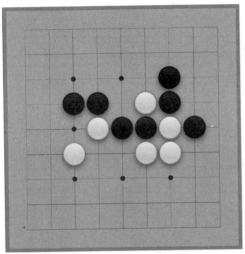

第 121 题

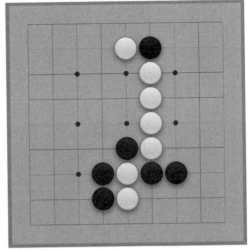

第 122 题

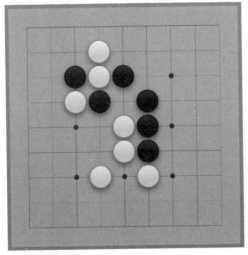

第 123 题

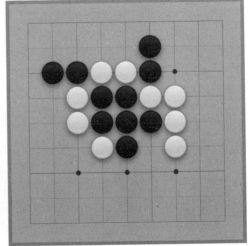

第 124 题

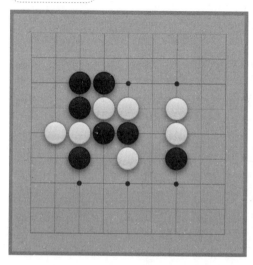

第 125 题

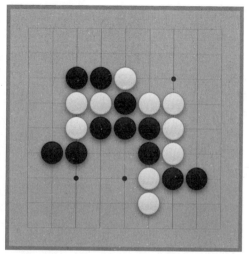

第 126 题

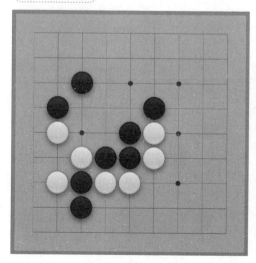

第 127 题

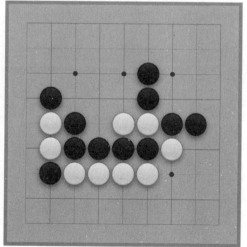

第 128 题

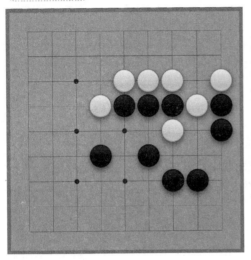

第 129 题

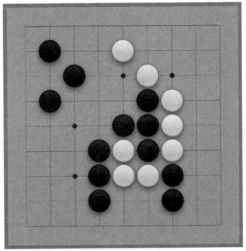

第 130 题

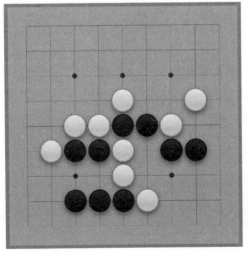

第 131 题

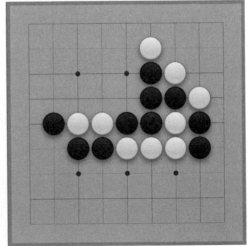

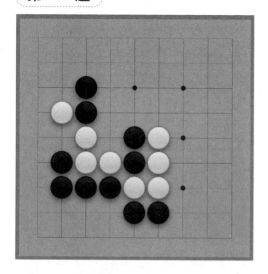

4. 枷吃

 求 （1）白先，利用"枷吃"手段吃子。

（2）如有必要，写出完整解题过程。

第 133 题

第 134 题

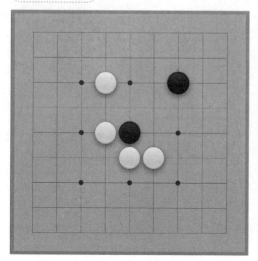

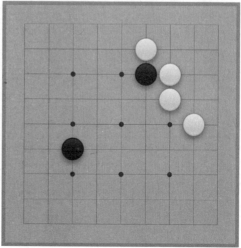

第 135 题

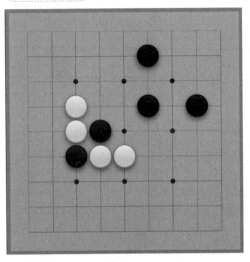

第 136 题

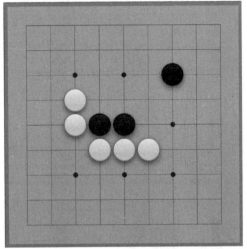

第 137 题

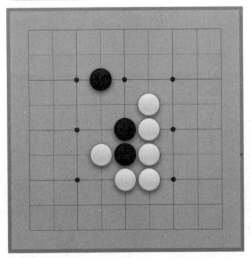

第 138 题

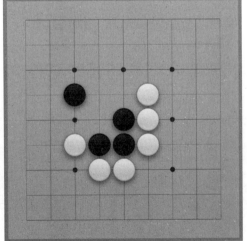

第 139 题

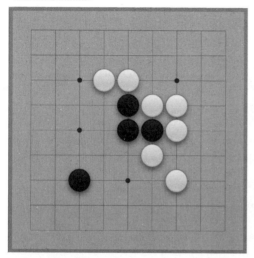

第 140 题

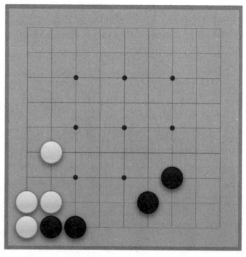

第 141 题

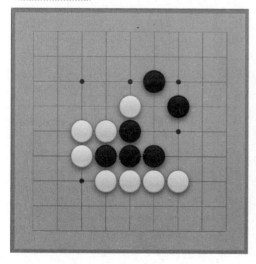

第 142 题

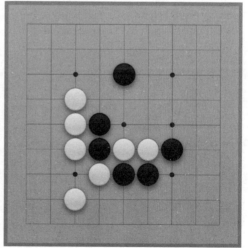

第 143 题

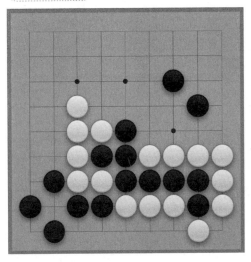

第 144 题

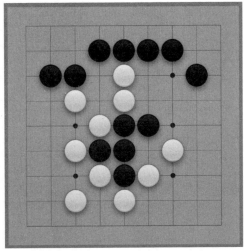

第 145 题

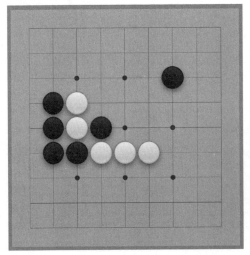

第 146 题

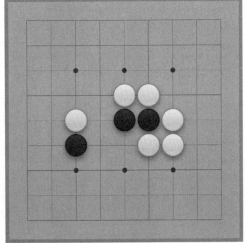

第 147 题

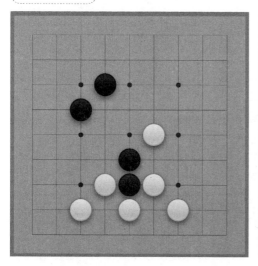

第 148 题

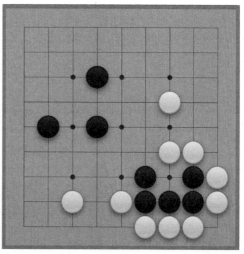

第 149 题

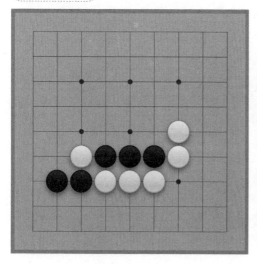

第 150 题

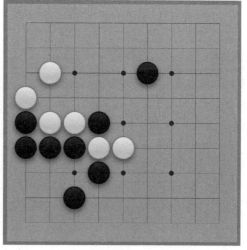

第 151 题

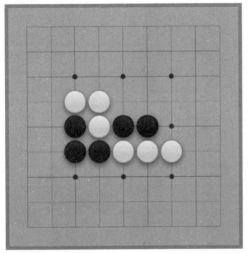

第 152 题

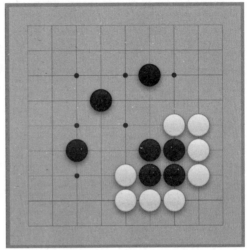

第 153 题

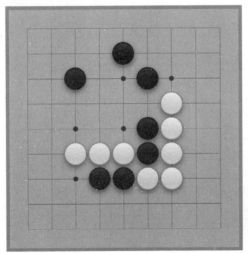

第 154 题

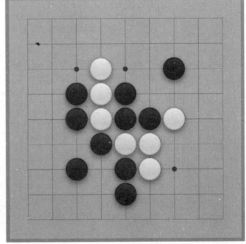

第 155 题

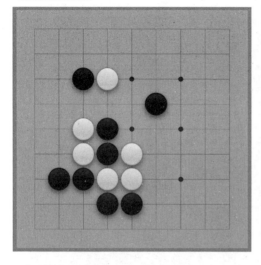

第 156 题

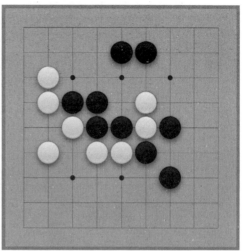

5. 征吃

要 求 判断被征吃的黑○子是否可以逃跑。

第 157 题

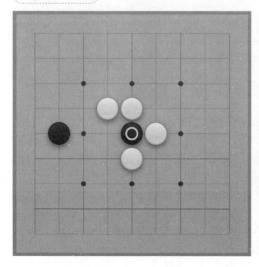

第 158 题

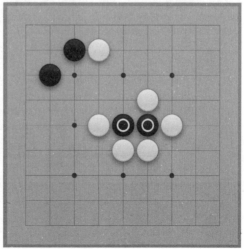

第 159 题

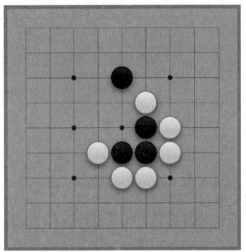

第 160 题

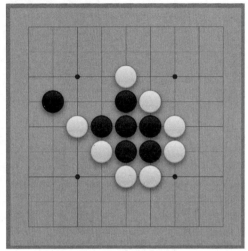

第 161 题

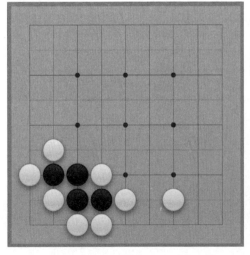

第 162 题

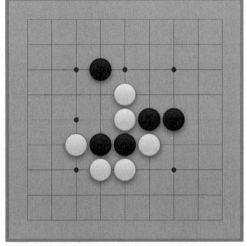

（1）白先，利用"征吃"手段吃子。
　　　　（2）如有必要，写出完整解题过程。

第 163 题

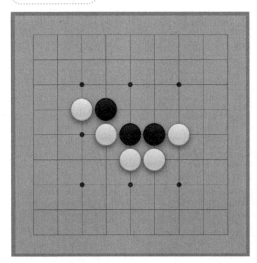

第 164 题

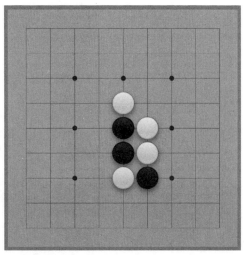

第 165 题

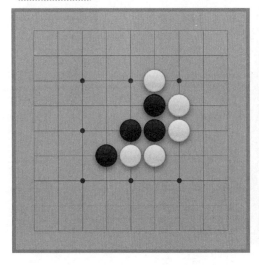

第 166 题

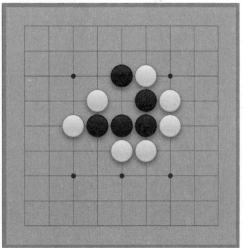

第 167 题

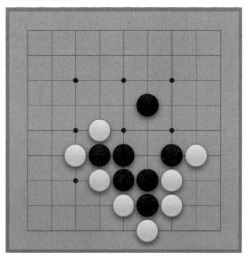

第 168 题

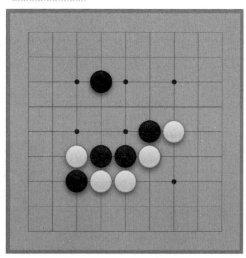

第 169 题

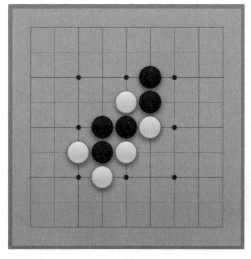

第 170 题

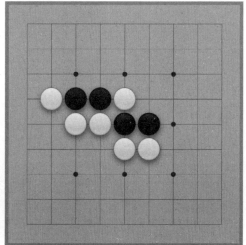

第 171 题

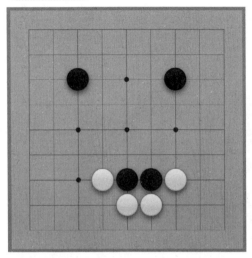

第 172 题

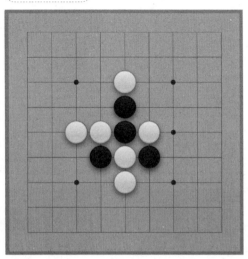

第 173 题

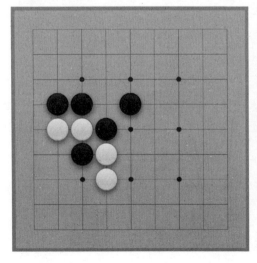

第 174 题

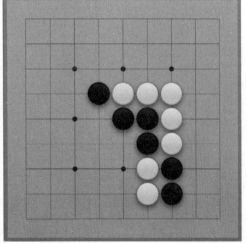

第 175 题

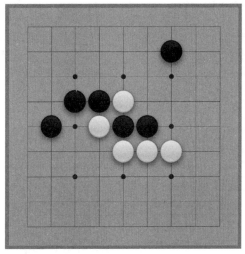

第 176 题

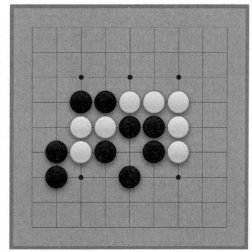

第 177 题

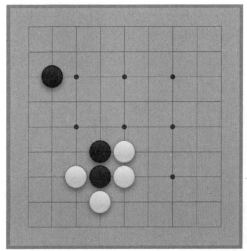

第 178 题

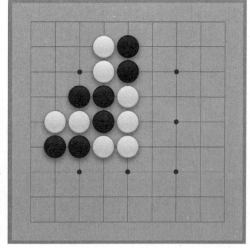

第 179 题

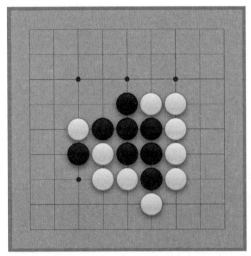

第 180 题

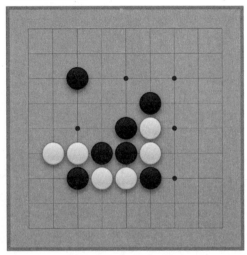

第 181 题

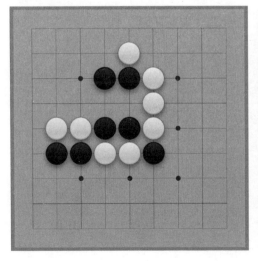

第 182 题

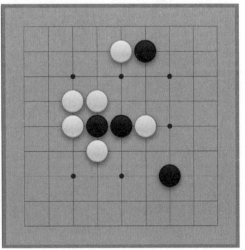

第 183 题

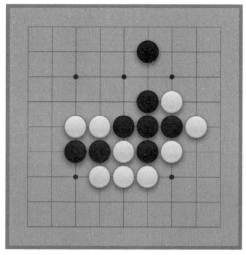

第 184 题

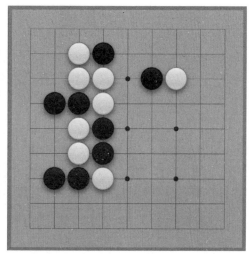

第 185 题

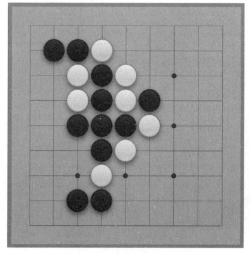

第 186 题

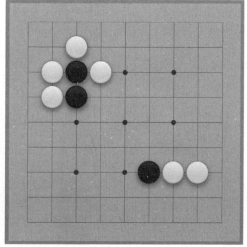

第 187 题

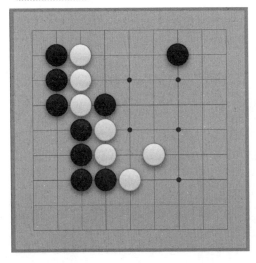

第 188 题

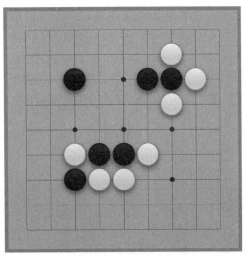

第 189 题

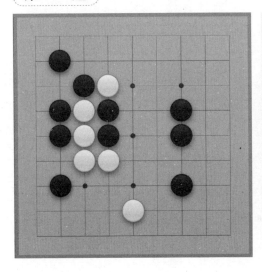

第 190 题

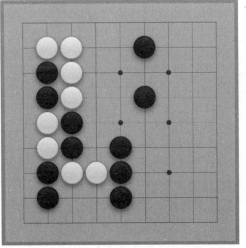

第 191 题

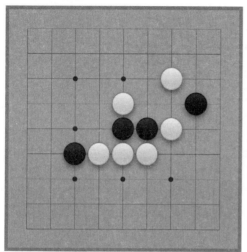

第 192 题

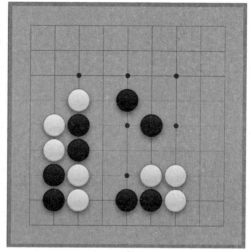

第五章

入门吃子（二）

1. 倒扑

要求 白先，利用倒扑吃子。

第 193 题

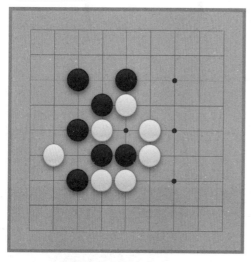

第 194 题

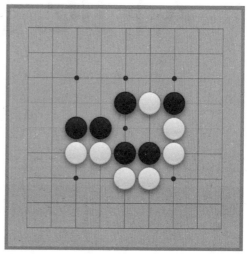

第 195 题

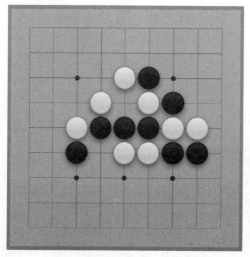

第 196 题

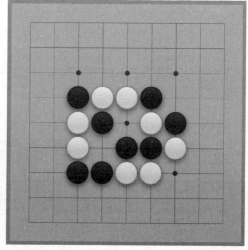

第 197 题

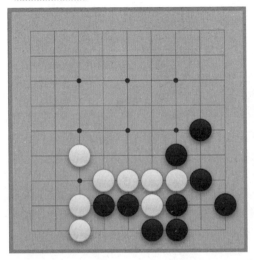

第 198 题

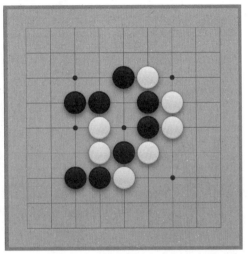

第 199 题

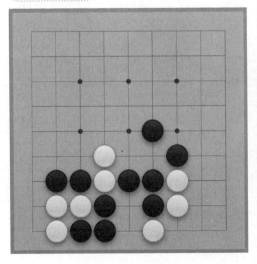

第 200 题

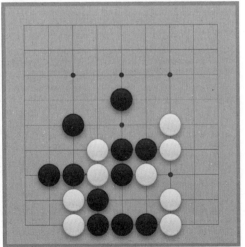

第 201 题

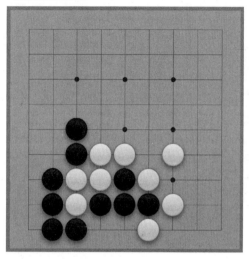

第 202 题

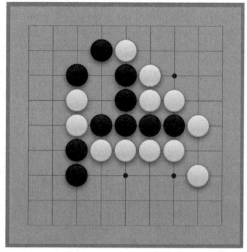

第 203 题

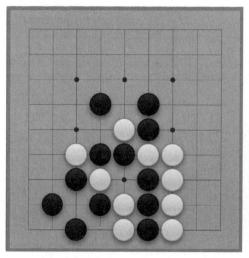

第 204 题

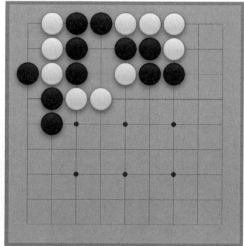

第 205 题

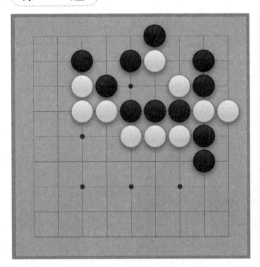

第 206 题

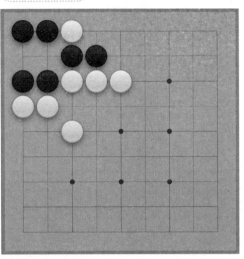

第 207 题

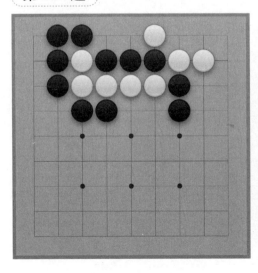

第 208 题

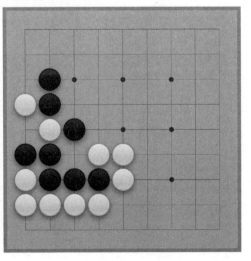

第 209 题

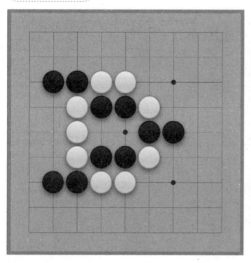

第 210 题

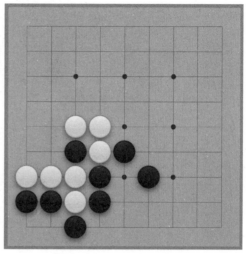

第 211 题

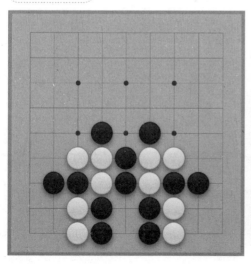

第 212 题

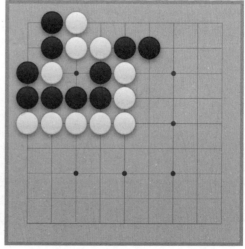

第 213 题

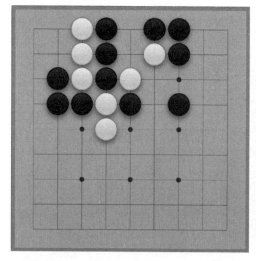

第 214 题

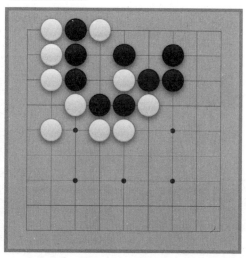

第 215 题

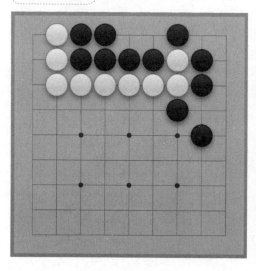

第 216 题

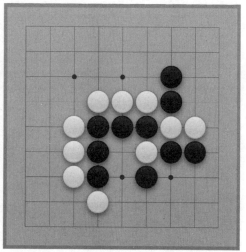

第 217 题

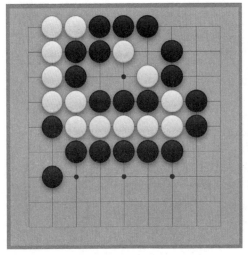

第 218 题

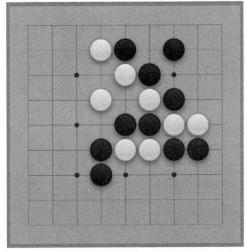

第 219 题

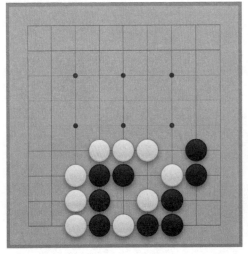

第 220 题

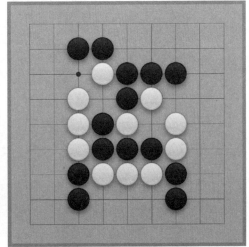

第 221 题

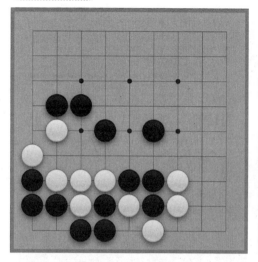

第 222 题

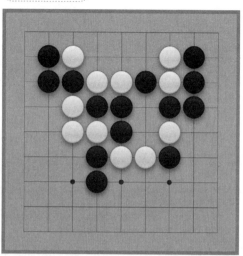

2. 接不归

要 求 白先，利用"接不归"吃子。

第 223 题

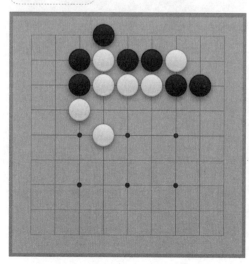

第 224 题

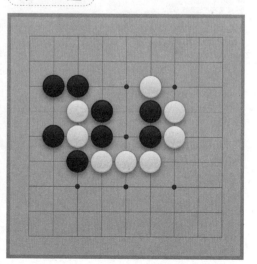

第 225 题

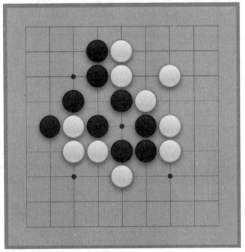

第 226 题

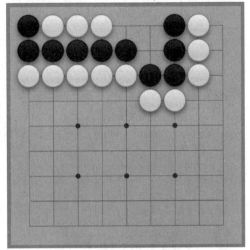

第 227 题

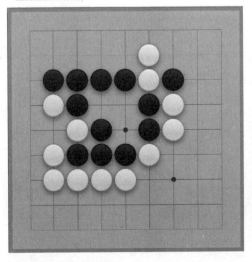

第 228 题

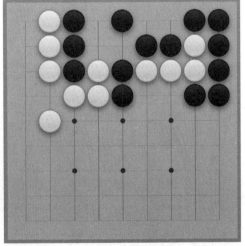

第 229 题

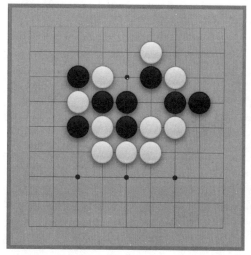

第 230 题

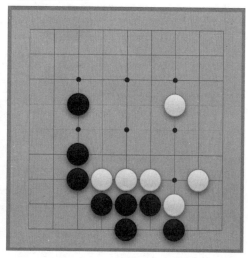

第 231 题

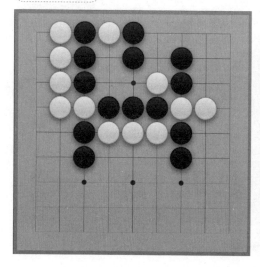

第 232 题

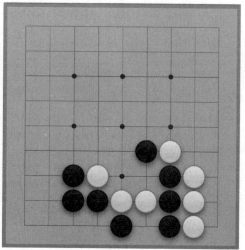

第 233 题

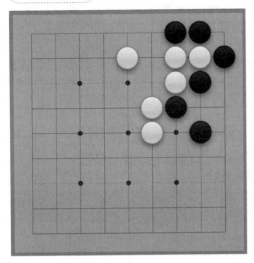

第 234 题

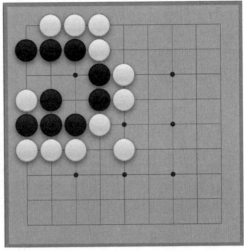

第 235 题

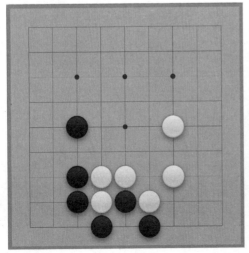

第 236 题

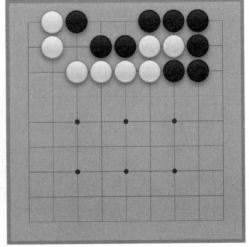

第 237 题

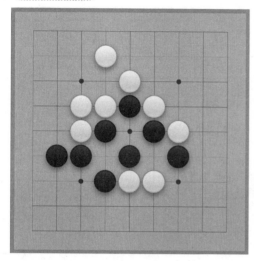

第 238 题

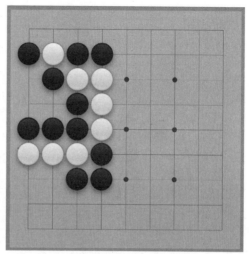

第 239 题

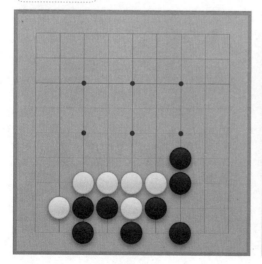

第 240 题

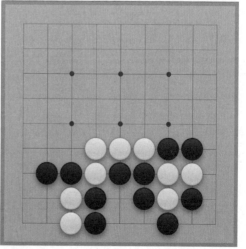

第 241 题

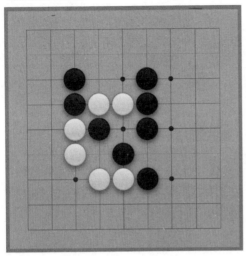

第 242 题

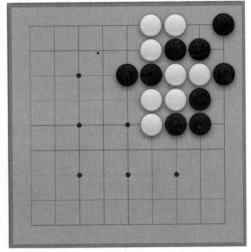

第 243 题

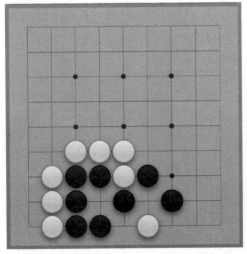

第 244 题

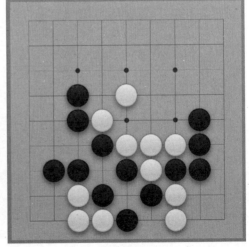

第 245 题

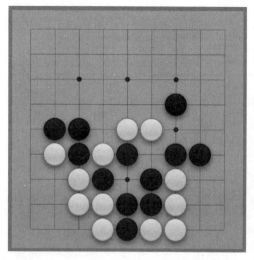

第 246 题

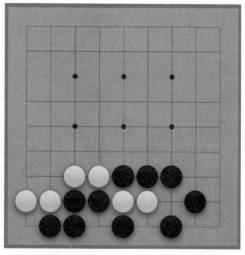

第 247 题

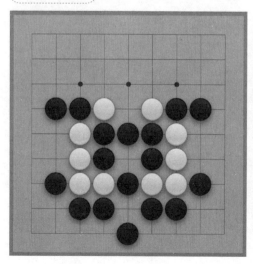

第 248 题

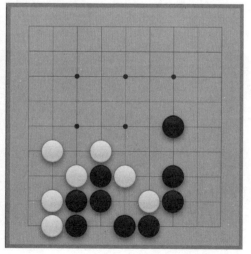

第 249 题

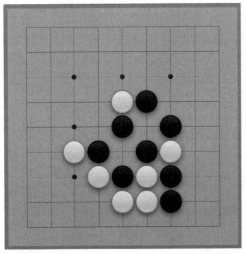

第 250 题

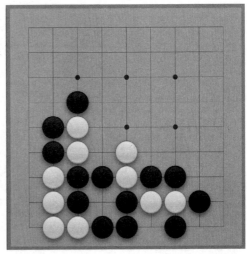

第 251 题

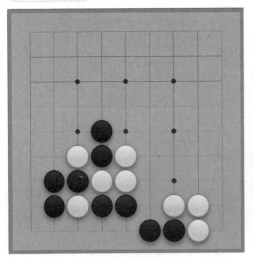

第 252 题

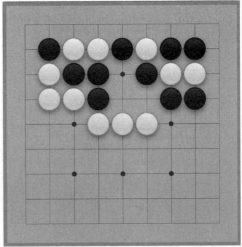

3. 一路吃子

要求 （1）白先吃子。
　　　（2）如有必要，写出完整解题过程。

第 253 题

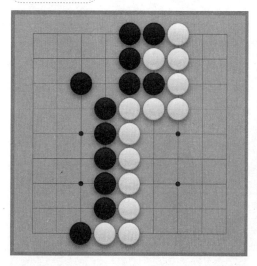

第 254 题

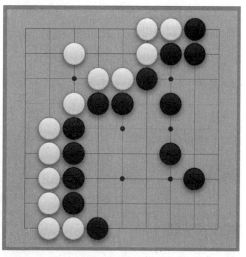

第 255 题

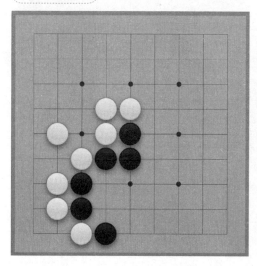

第 256 题

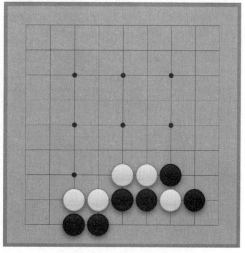

第 257 题

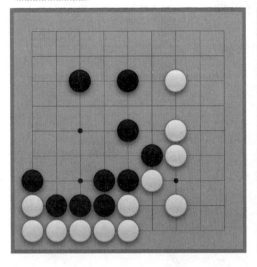

第 258 题

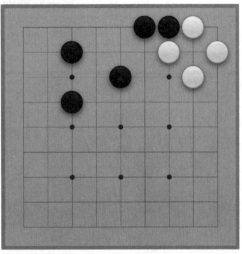

第 259 题

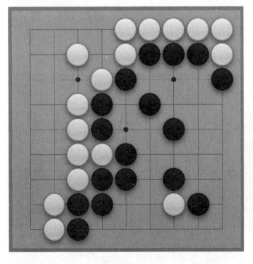

第 260 题

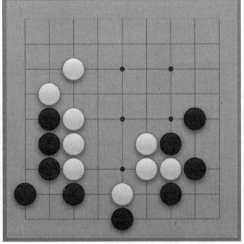

第 261 题

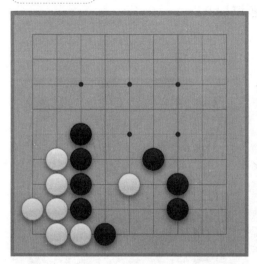

第 262 题

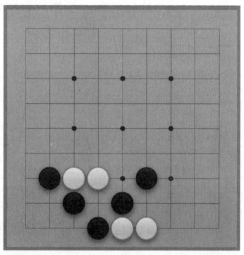

第 263 题

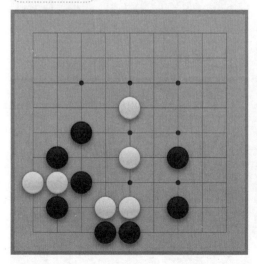

第 264 题

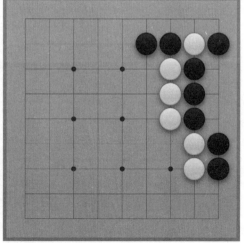

4. 二路吃子

要 求 （1）白先吃子。

（2）如有必要，写出完整解题过程。

第 265 题

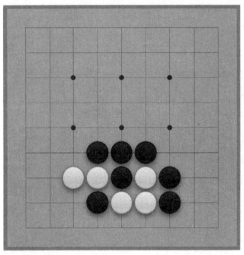

第 266 题

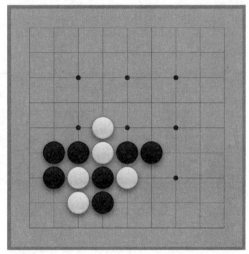

第 267 题

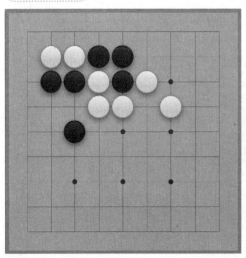

第 268 题

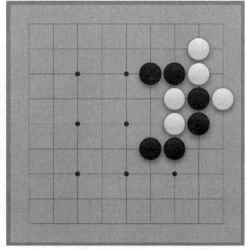

第 269 题

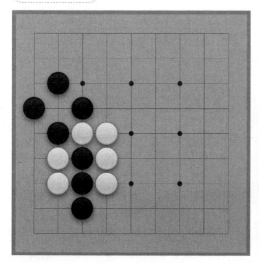

第 270 题

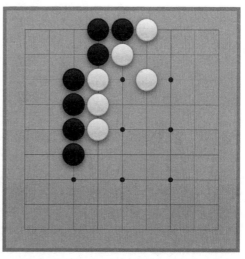

第 271 题

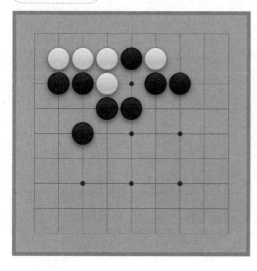

第 272 题

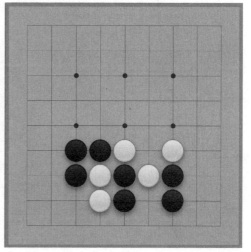

第 273 题

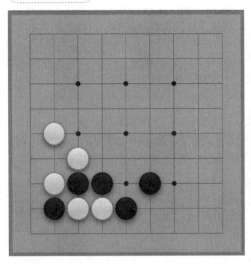

第 274 题

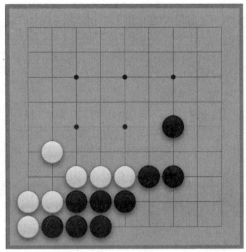

第 275 题

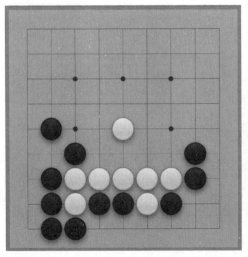

第 276 题

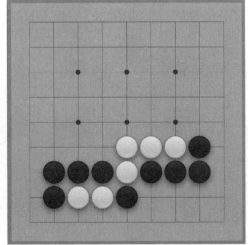

第 277 题

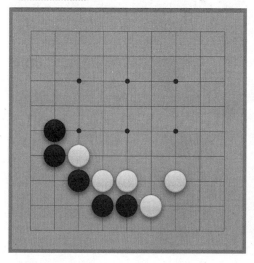

第 278 题

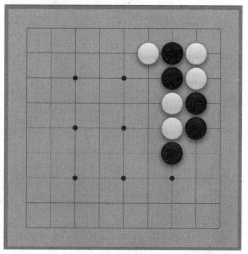

第 279 题

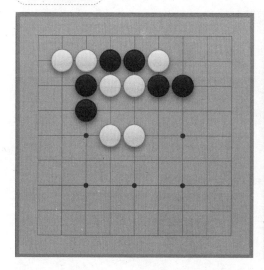

第 280 题

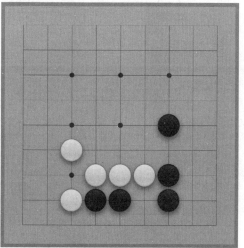

第 281 题

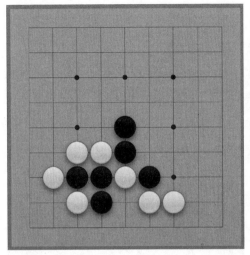

第 282 题

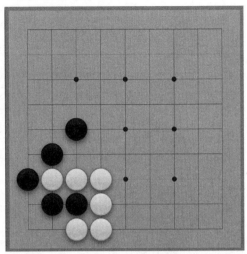

5. 三路吃子

要求 （1）白先吃子。

（2）如有必要，写出完整解题过程。

第 283 题

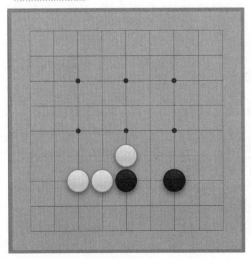

第 284 题

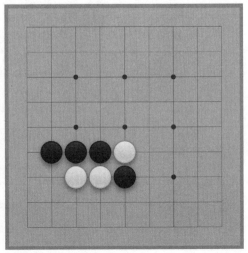

第 285 题

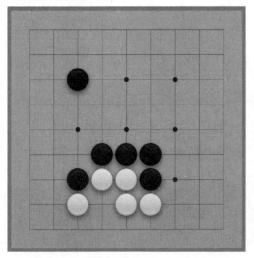

第 286 题

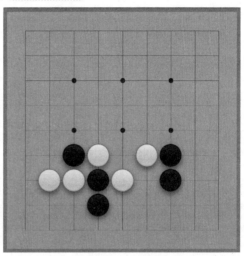

第 287 题

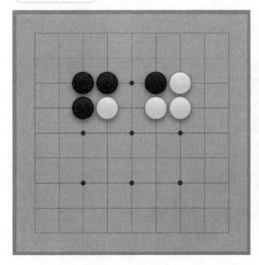

第 288 题

第 289 题

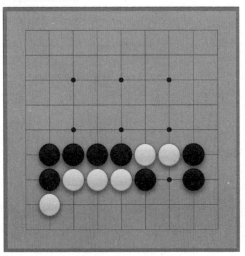

第 290 题

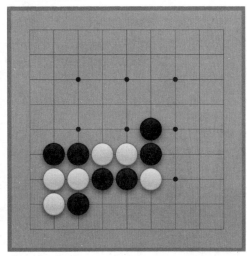

第 291 题

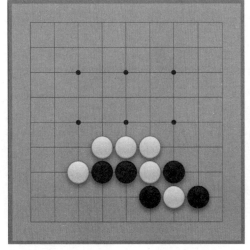

第 292 题

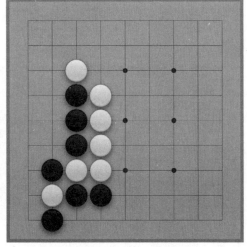

第 293 题

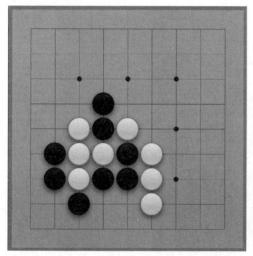

第 294 题

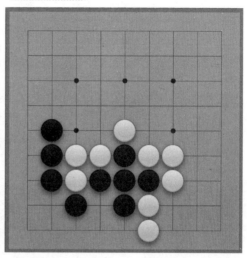

第 295 题

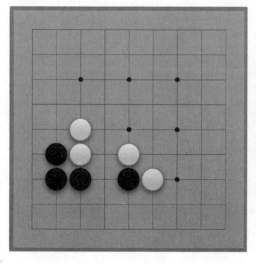

第 296 题

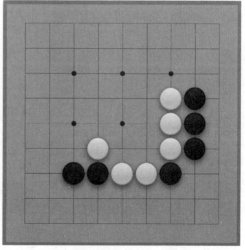

第 297 题

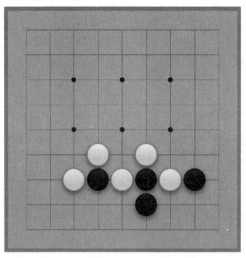

第 298 题

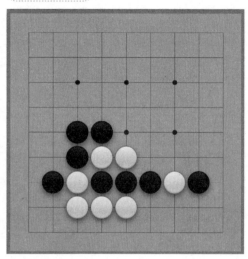

第 299 题

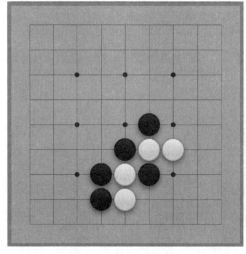

第 300 题

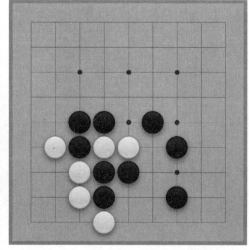

第六章

入门死活

1. 判断死活

注意，如果黑棋是活棋，即便轮白棋先下也无法杀死黑棋。
如果黑棋是死棋，即便轮黑棋先下也无法做活。

第 301 题

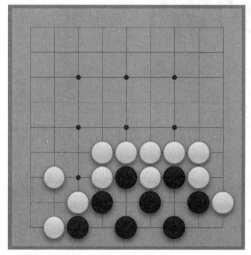

第 302 题

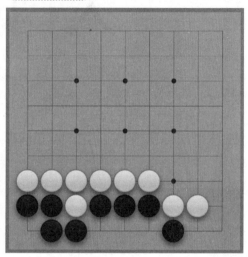

第 303 题

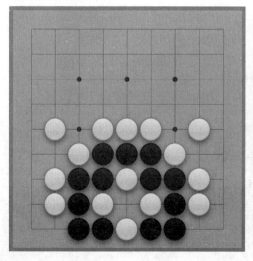

第 304 题

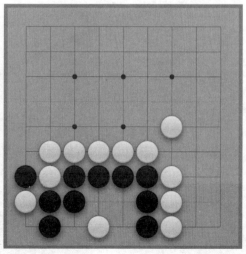

第 305 题

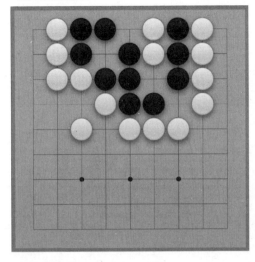

第 306 题

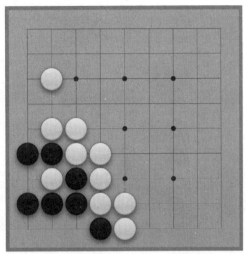

第 307 题

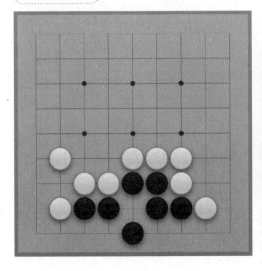

第 308 题

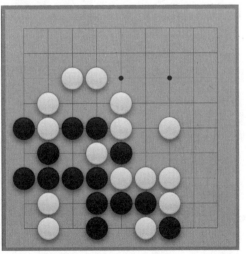

第 309 题

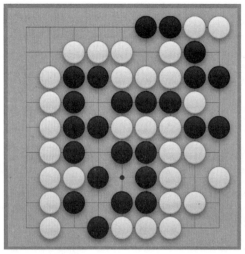

第 310 题

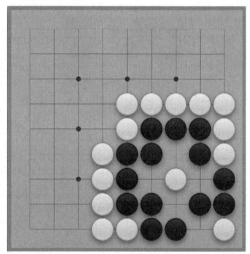

第 311 题

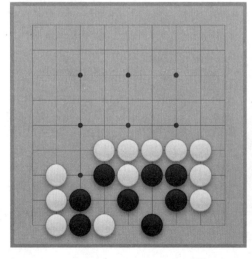

第 312 题

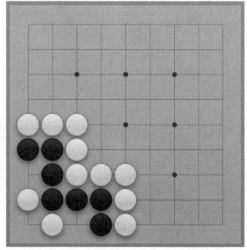

2. 杀棋

要 求 （1）白先杀黑。

（2）如有必要，写出完整解题过程。

第 313 题

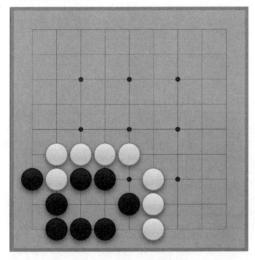

第 314 题

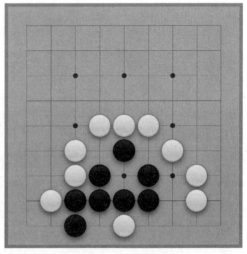

第 315 题

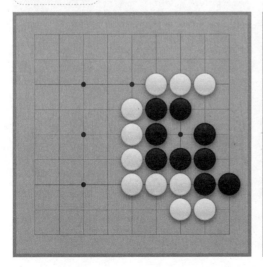

第 316 题

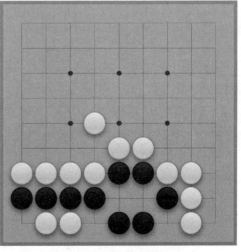

第 317 题

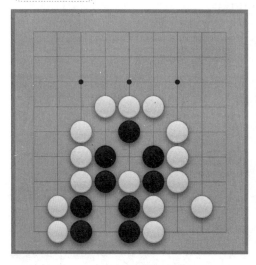

第 318 题

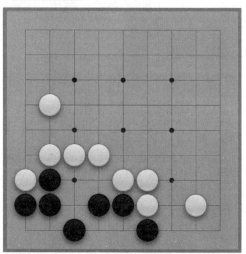

第 319 题

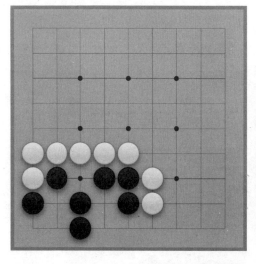

第 320 题

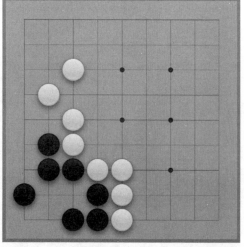

第 321 题

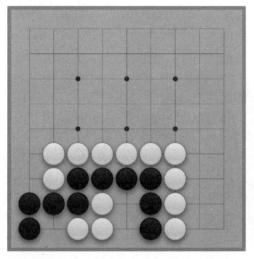

第 322 题

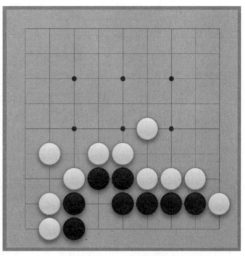

第 323 题

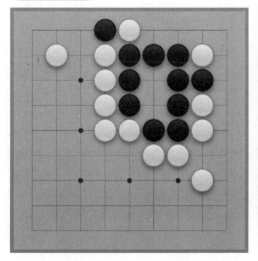

第 324 题

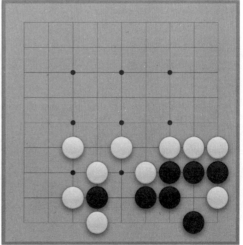

第 325 题

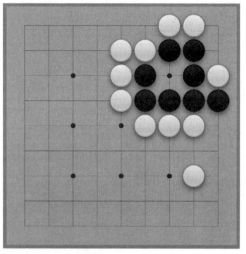

第 326 题

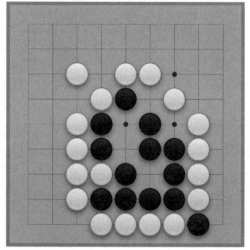

第 327 题

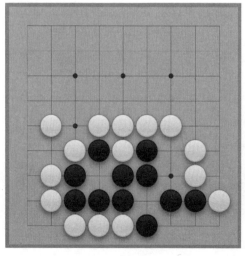

第 328 题

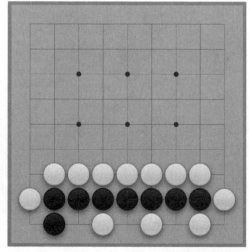

第 329 题

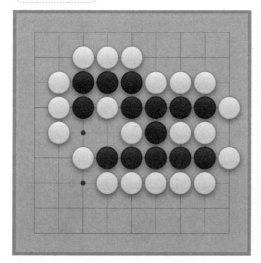

第 330 题

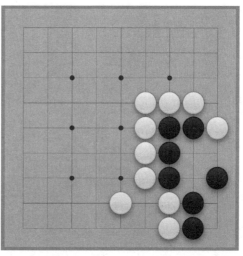

第 331 题

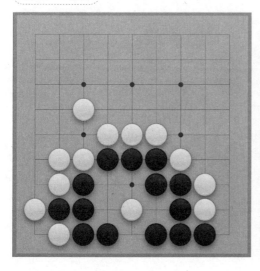

第 332 题

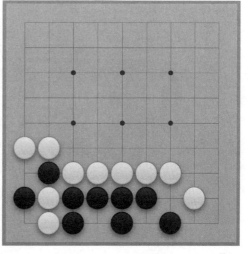

第 333 题

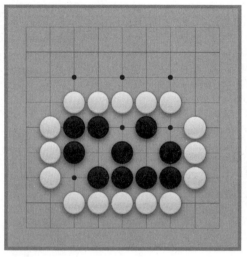

第 334 题

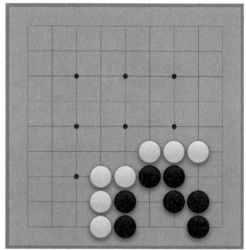

第 335 题

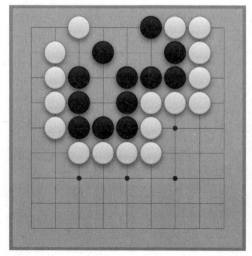

第 336 题

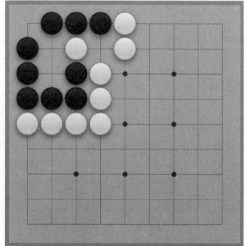

第 337 题

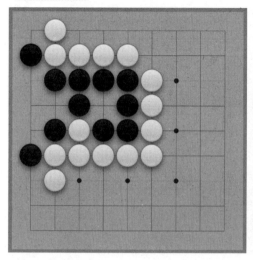

第 338 题

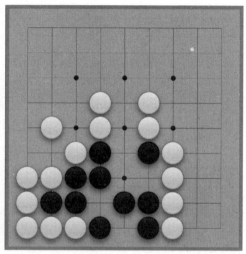

第 339 题

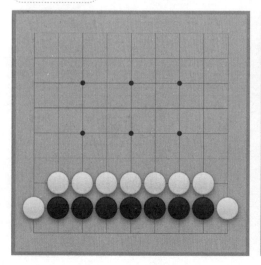

第 340 题

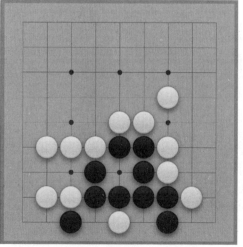

第 341 题

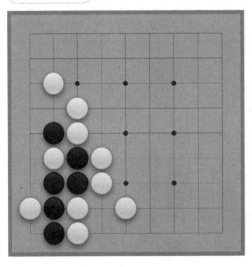

第 342 题

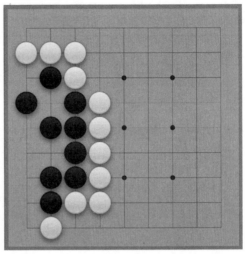

第 343 题

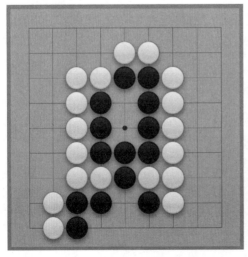

第 344 题

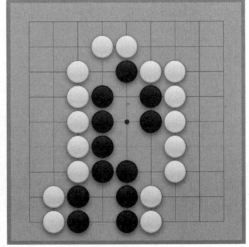

第 345 题

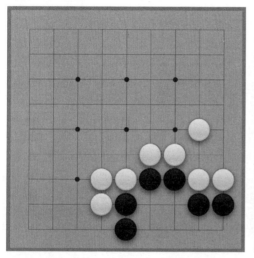

第 346 题

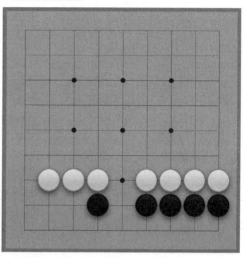

第 347 题

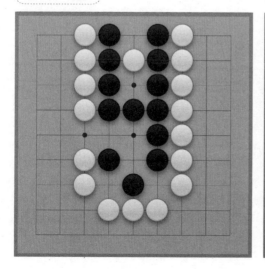

第 348 题

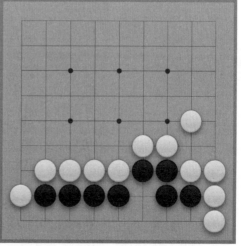

第 349 题

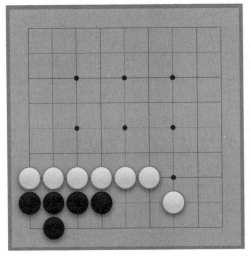

第 350 题

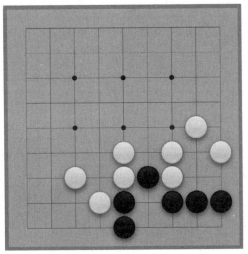

第 351 题

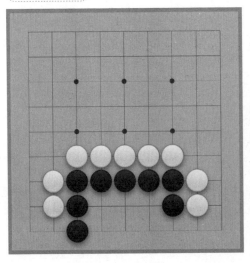

第 352 题

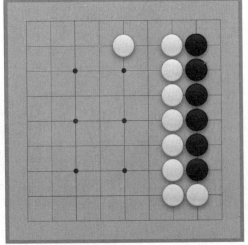

第 353 题

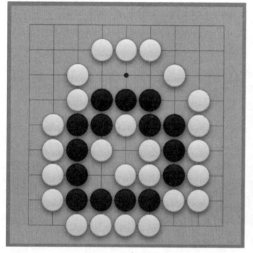

第 354 题

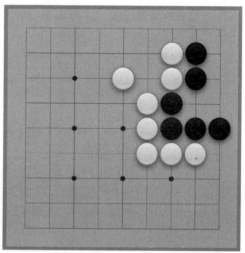

第 355 题

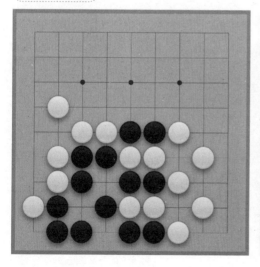

第 356 题

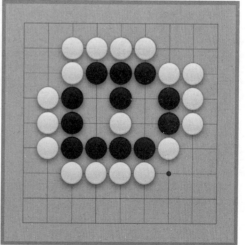

第 357 题

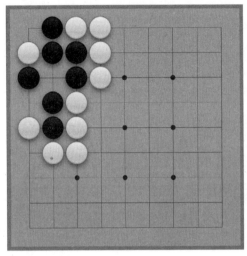

第 358 题

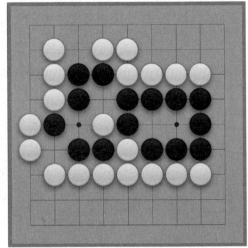

第 359 题

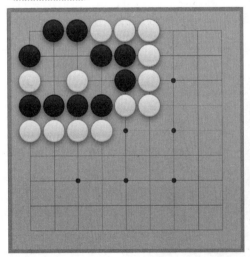

第 360 题

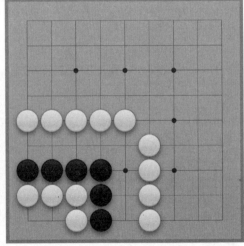

第 361 题

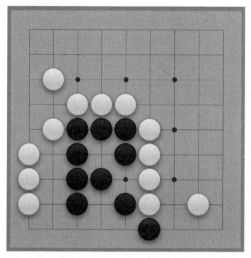

第 362 题

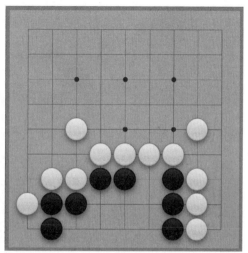

第 363 题

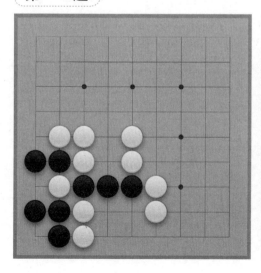

第 364 题

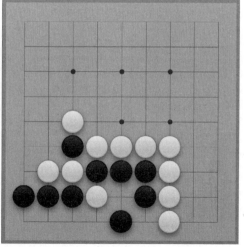

第 365 题

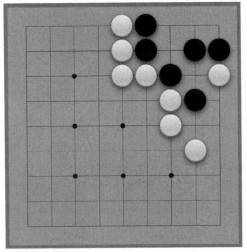

第 366 题

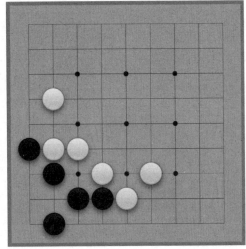

第 367 题

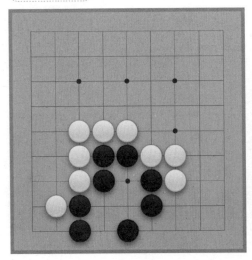

第 368 题

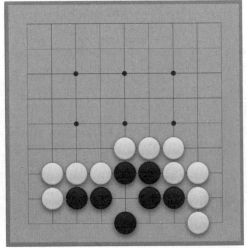

第 369 题

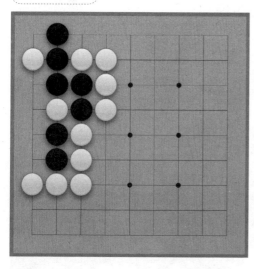

第 370 题

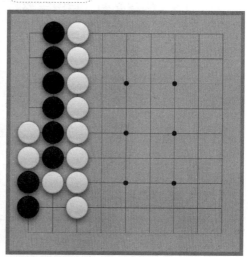

第 371 题

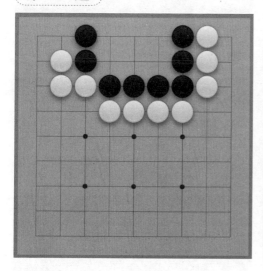

第 372 题

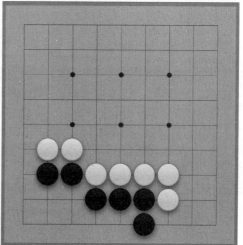

3. 做活

要 求 （1）白先做活。
　　　　（2）如有必要，写出完整解题过程。

第 373 题

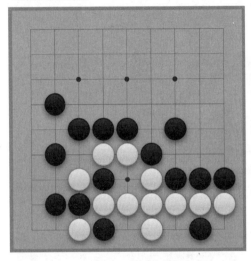

第 374 题

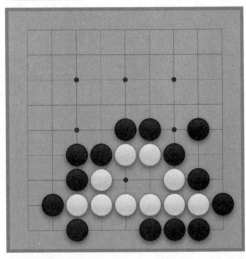

第 375 题

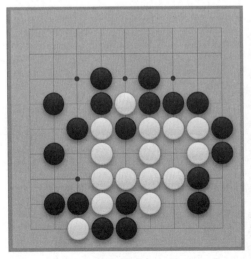

第 376 题

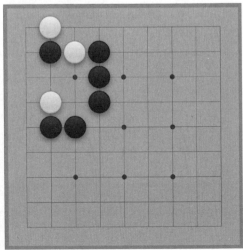

第 377 题

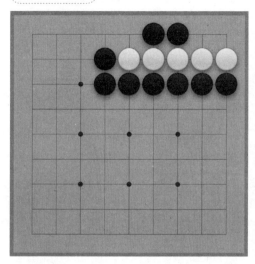

第 378 题

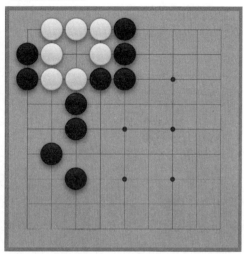

第 379 题

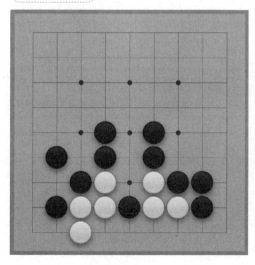

第 380 题

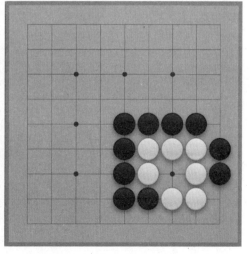

第 381 题

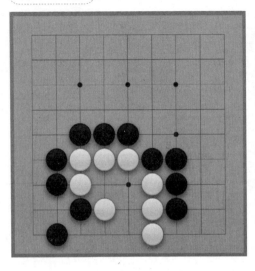

第 382 题

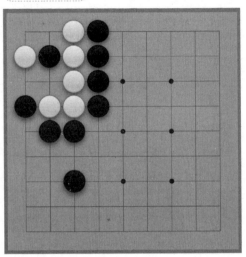

第 383 题

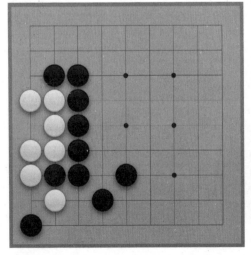

第 384 题

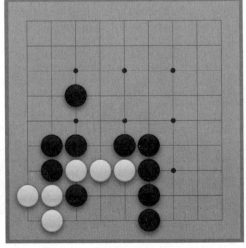

第 385 题

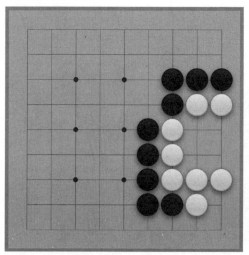

第 386 题

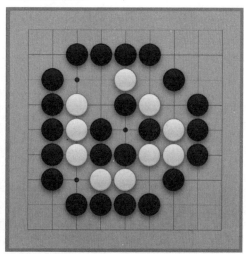

第 387 题

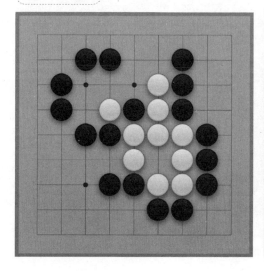

第 388 题

第 389 题

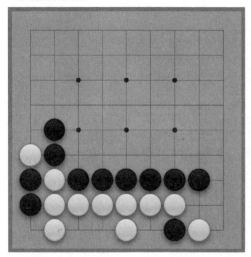

第 390 题

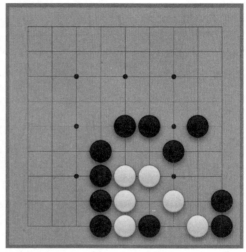

第 391 题

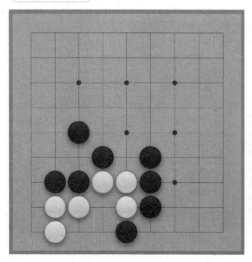

第 392 题

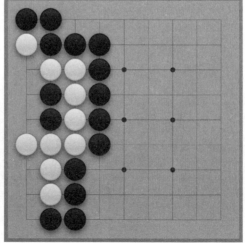

第 393 题

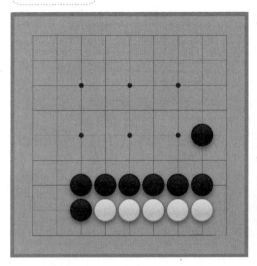

第 394 题

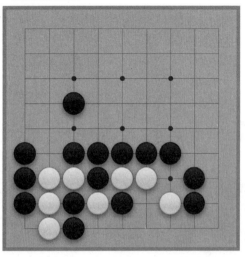

第 395 题

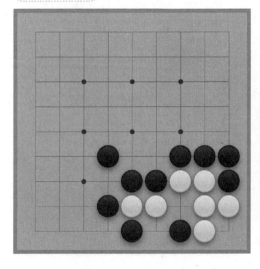

第 396 题

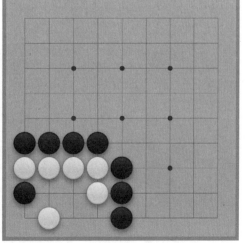

第 397 题

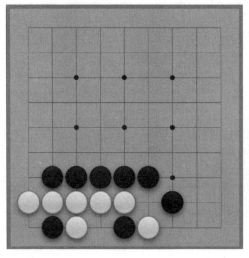

第 398 题

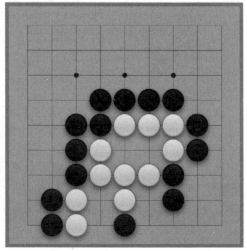

第 399 题

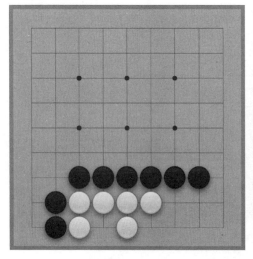

第 400 题

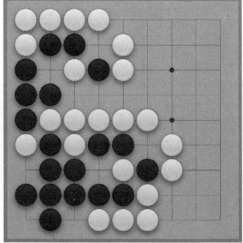

第 401 题

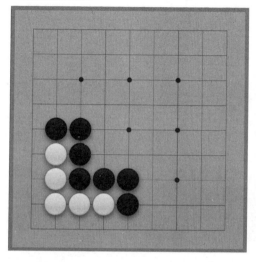

第 402 题

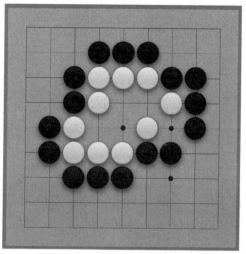

第 403 题

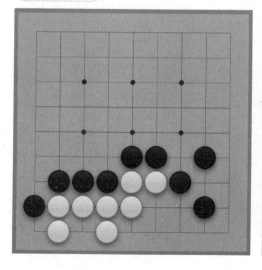

第 404 题

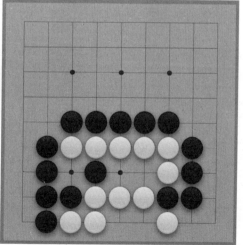

第 405 题

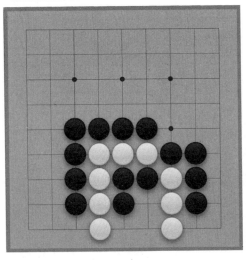

第 406 题

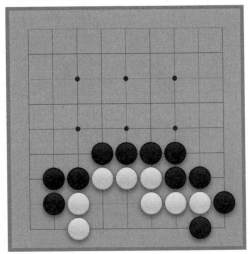

第 407 题

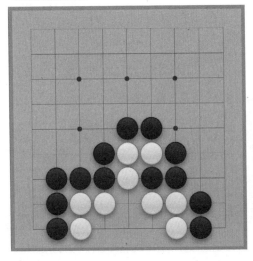

第 408 题

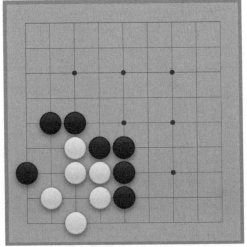

第 409 题

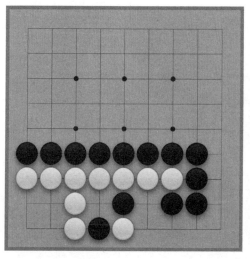

第 410 题

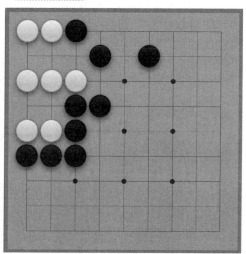

第 411 题

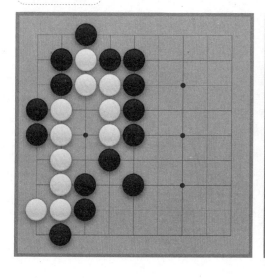

第 412 题

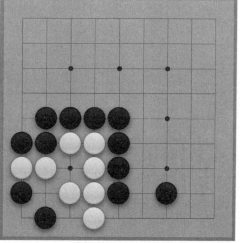

第 413 题

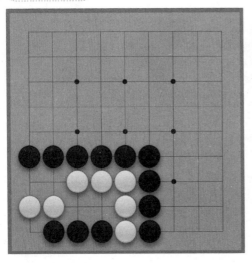

第 414 题

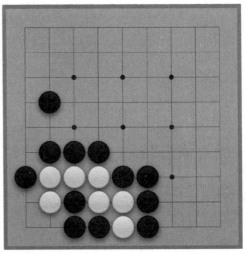

第 415 题

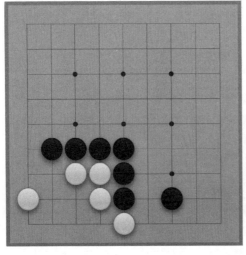

第 416 题

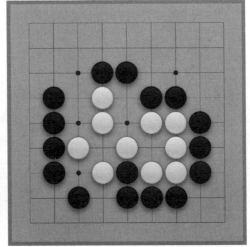

第 417 题

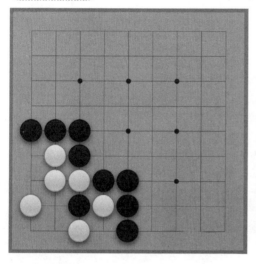

第 418 题

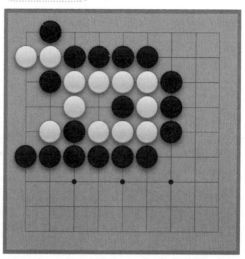

第 419 题

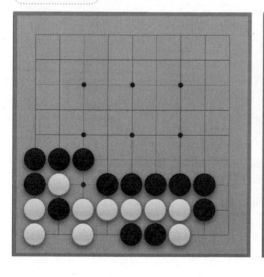

第 420 题

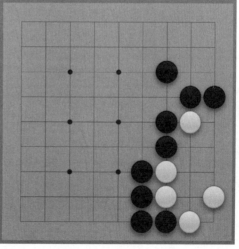

第 421 题

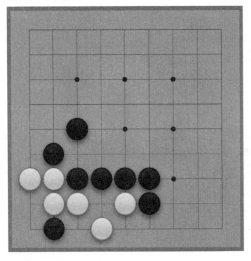

第 422 题

第 423 题

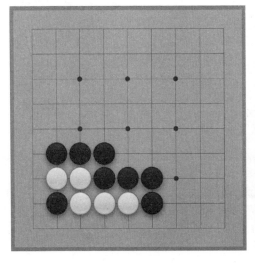

第 424 题

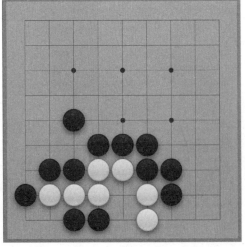

第 425 题

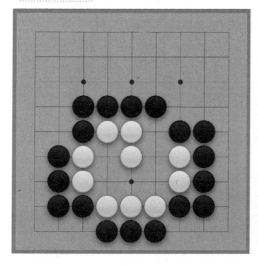

第 426 题

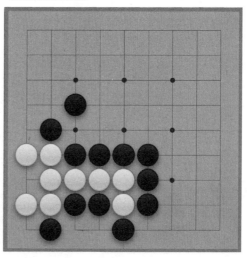

第 427 题

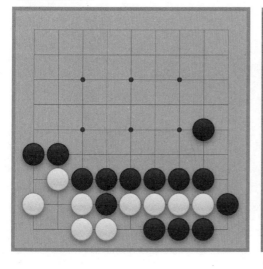

第 428 题

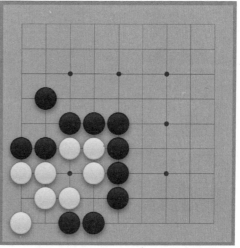

第 429 题

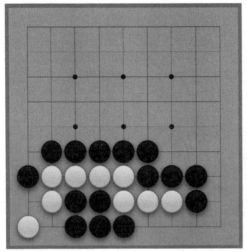

第 430 题

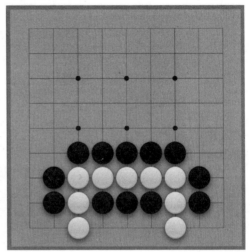

第 431 题

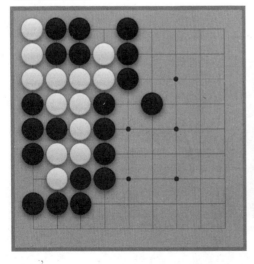

第 432 题

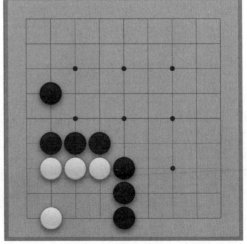

第七章

入门对杀

1. 逃子

要 求 （1）白先，逃出即将被吃掉的棋子。
　　　（2）写出必要的解题过程。

第 433 题

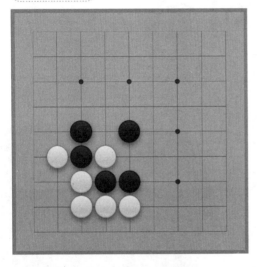

第 434 题

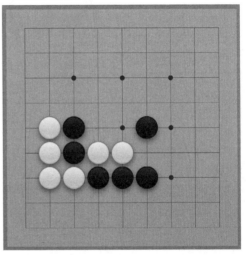

第 435 题

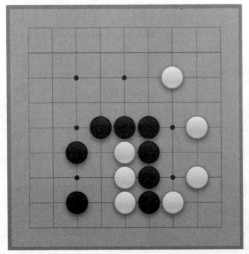

第 436 题

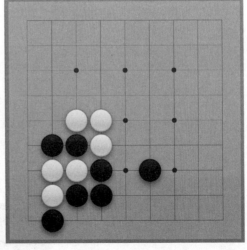

第 437 题

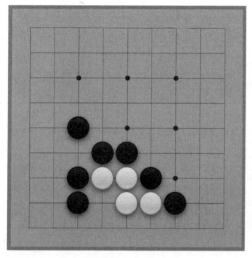

第 438 题

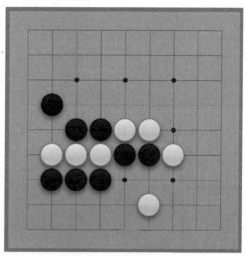

第 439 题

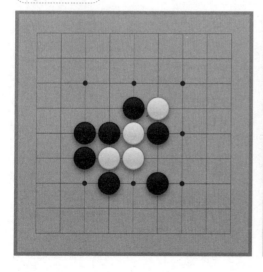

第 440 题

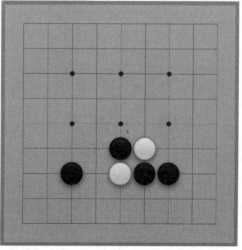

第 441 题

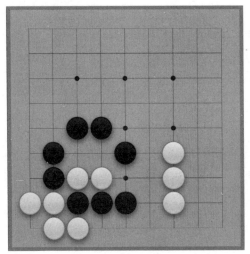

第 442 题

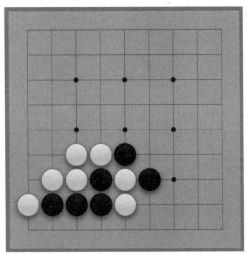

第 443 题

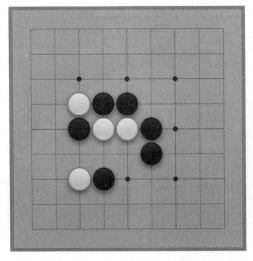

第 444 题

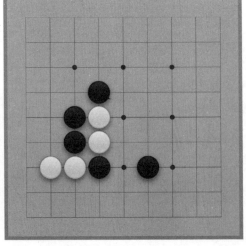

2. 对杀

要 求 （1）白先，判断对杀结果，是白吃黑、黑吃白或是双活？
（2）写出必要的解题过程。

第 445 题

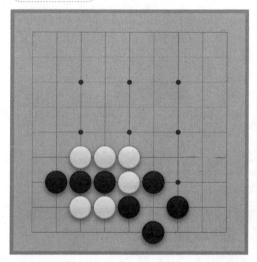

第 446 题

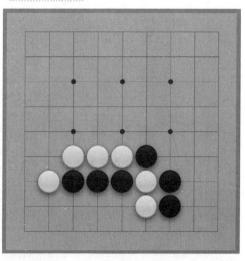

第 447 题

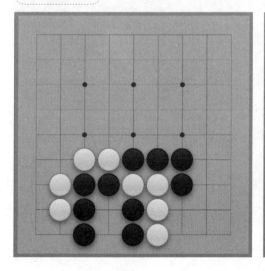

第 448 题

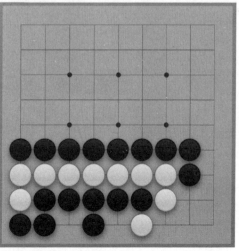

第 449 题

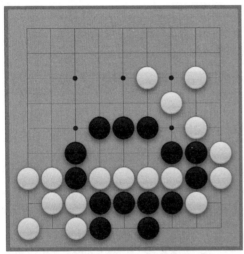

第 450 题

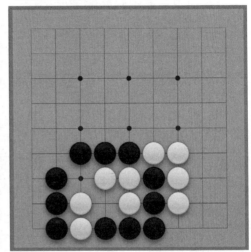

第 451 题

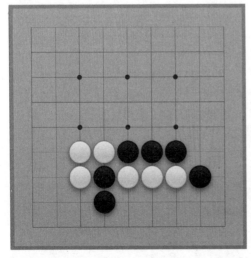

第 452 题

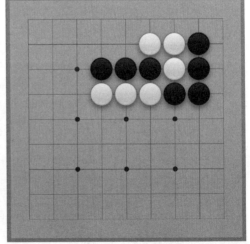

第 453 题

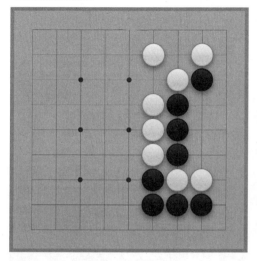

第 454 题

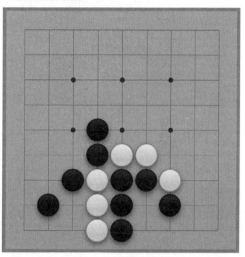

第 455 题

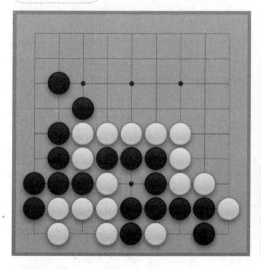

第 456 题

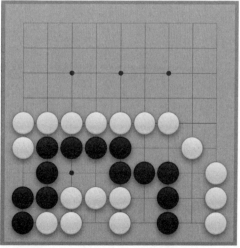

3. 综合训练

要 求 （1）白先，按要求答题。

（2）写出必要的解题过程。

第 457 题 - 第 468 题

白先杀黑

第 457 题

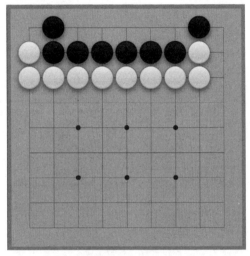

第 458 题

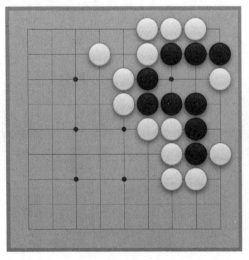

第 459 题

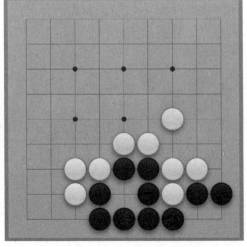

第 460 题

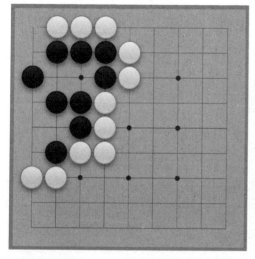

第 461 题

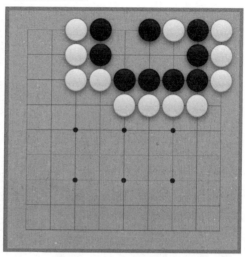

第 462 题

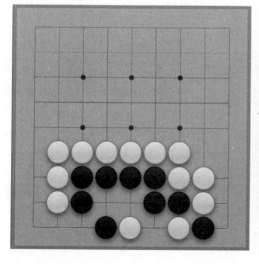

第 463 题

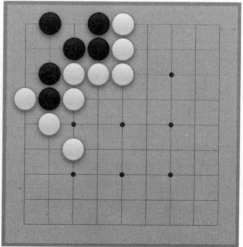

第 464 题

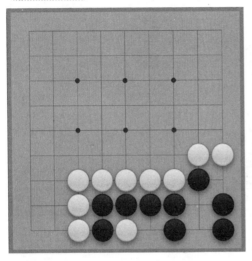

第 465 题

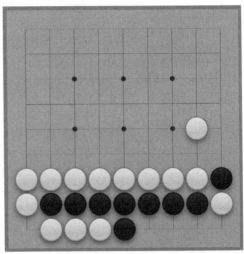

第 466 题

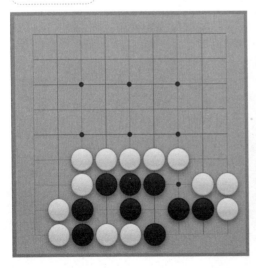

第 467 题

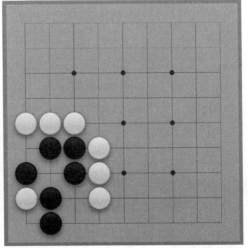

第 468 题

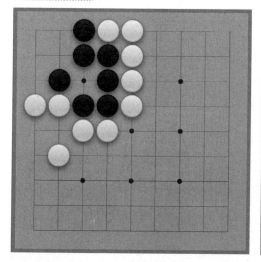

第 469 题 - 第 480 题

白先做活

第 469 题

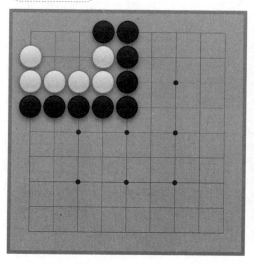

第 470 题

第 471 题

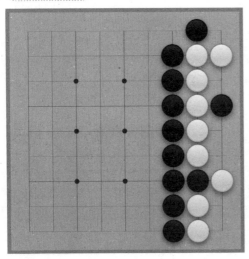

第 472 题

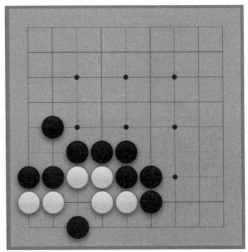

第 473 题

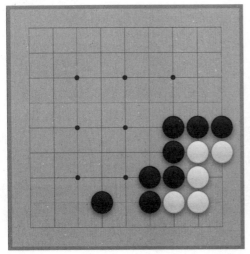

第 474 题

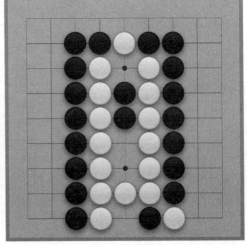

第 475 题

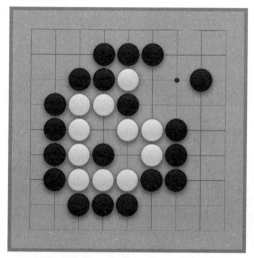

第 476 题

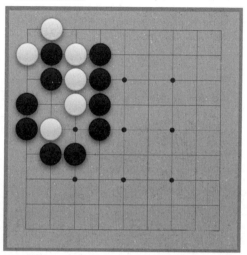

第 477 题

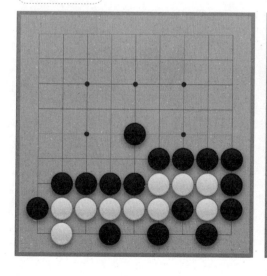

第 478 题

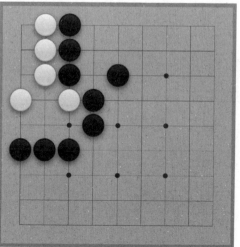

第 479 题

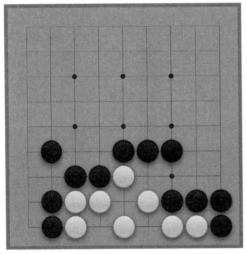

第 480 题

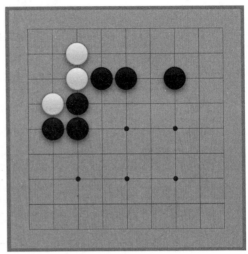

第 481 题 - 第 492 题

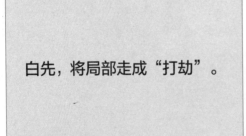

白先，将局部走成"打劫"。

第 481 题

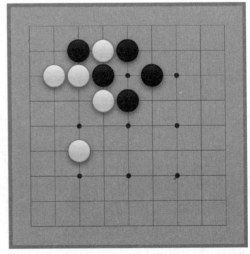

第 482 题

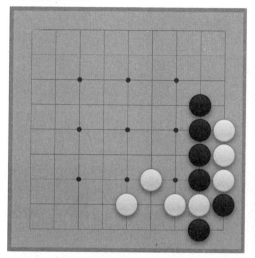

第 483 题

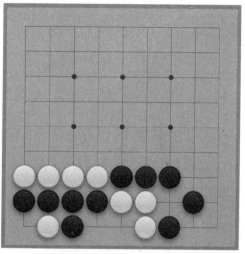

第 484 题

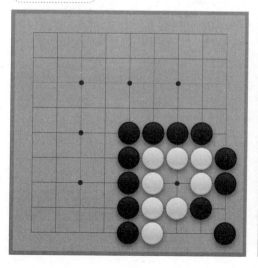

第 485 题

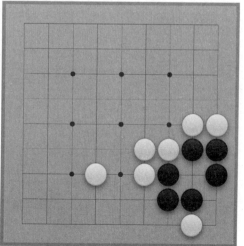

第 486 题

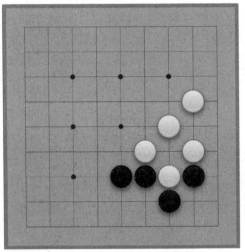

第 487 题

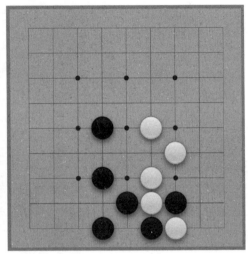

第 488 题

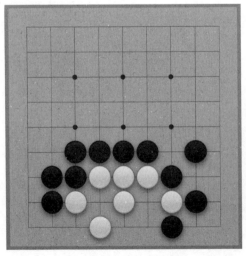

第 489 题

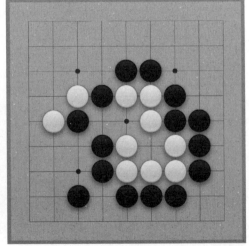

第 490 题

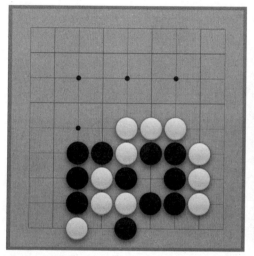

第 491 题

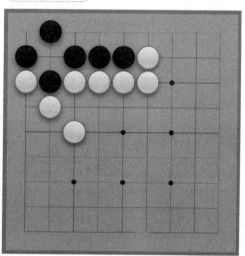

第 492 题

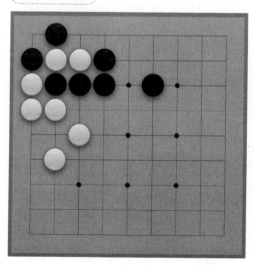

第 493 题 - 第 502 题

白先，判断局部是不是双活，
并写出解题步骤。

第 493 题

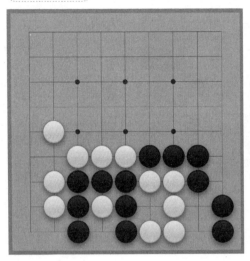

第 494 题

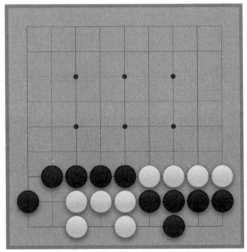

第 495 题

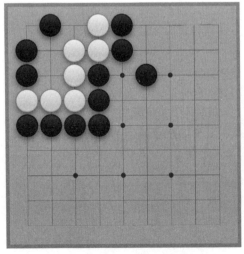

第 496 题

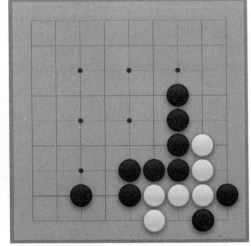

第 497 题

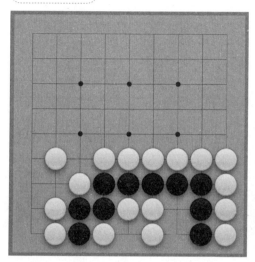

第 498 题

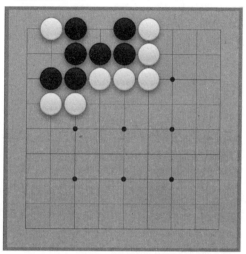

第 499 题

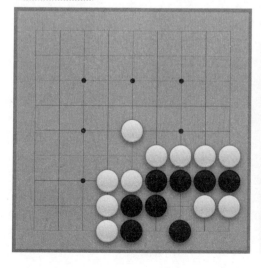

第 500 题

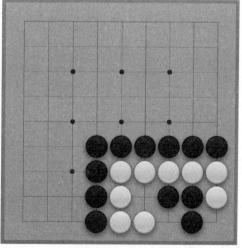

第 501 题

第 502 题

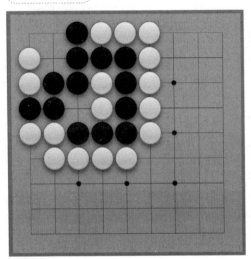

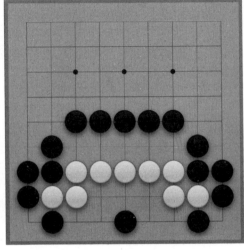

参考答案

第1题 15口气

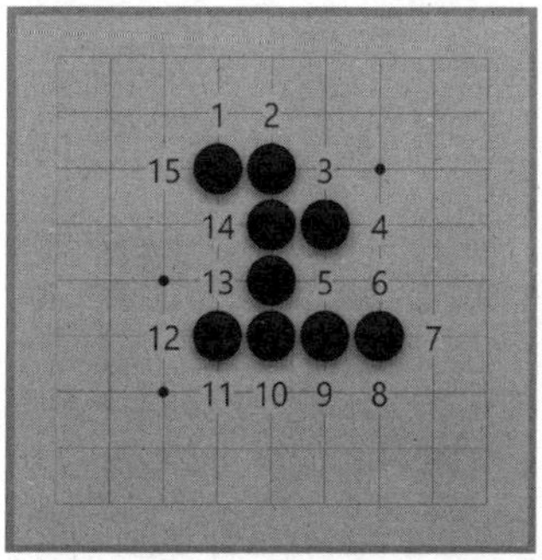

第2题 10口气

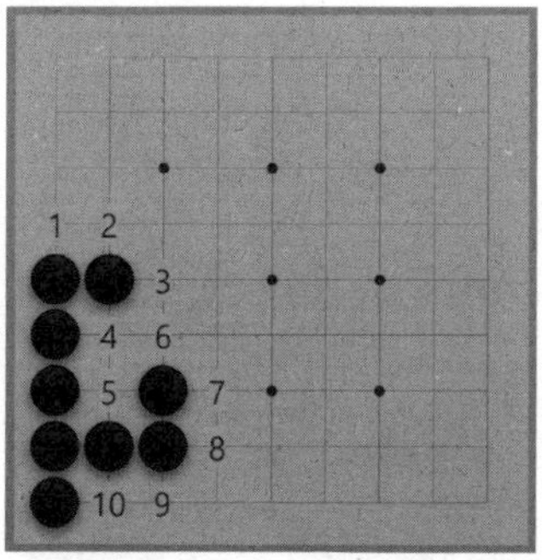

第3题 4口气

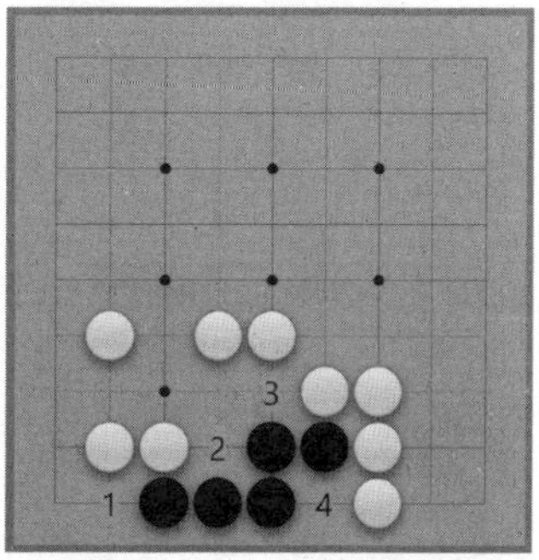

第4题 5口气

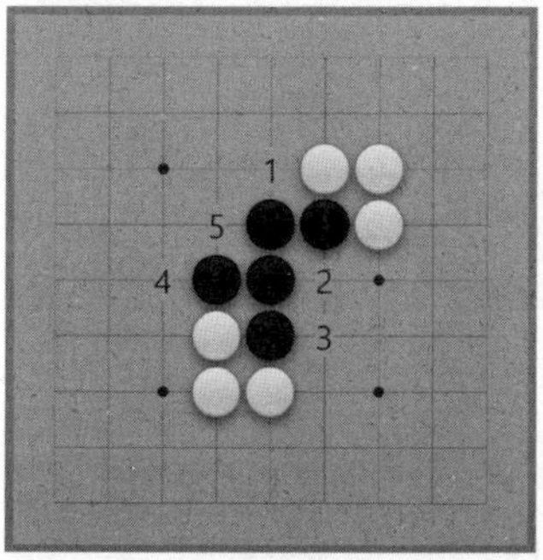

第5题 6口气

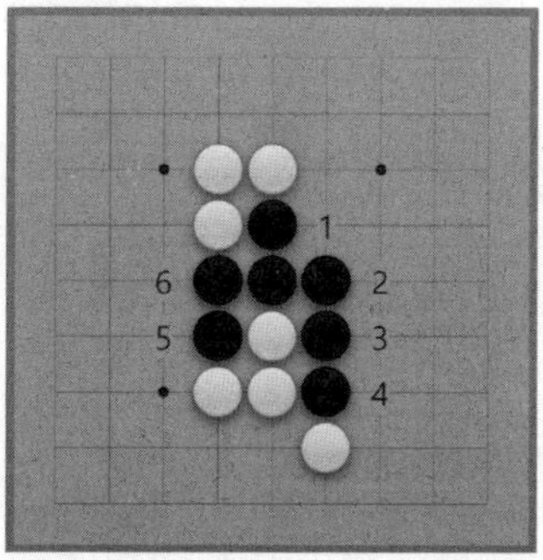

第6题 7口气

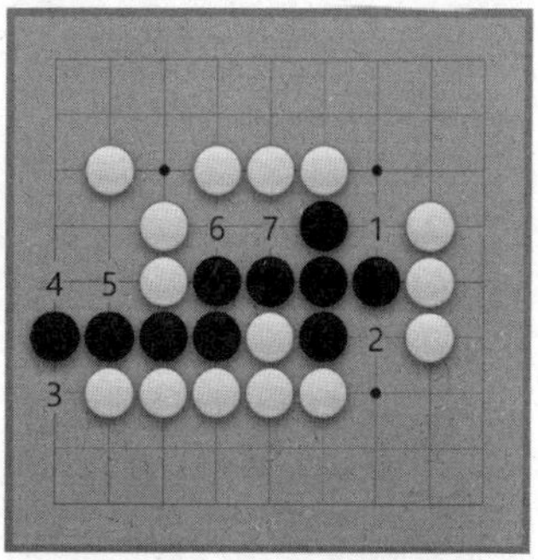

第7题 A和B均为正解

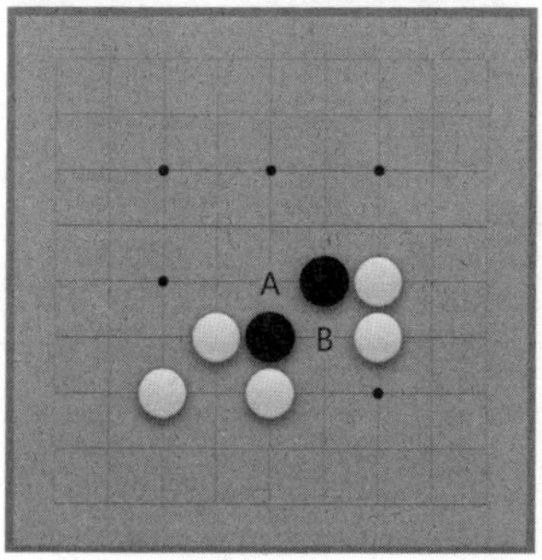

第8题 A和B均为正解

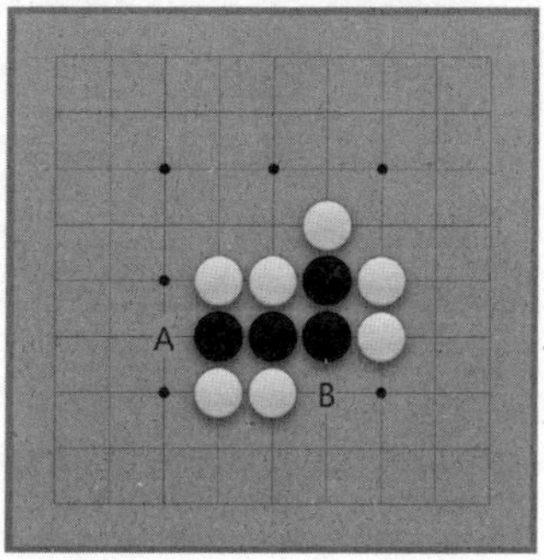

第9题 A和B均为正解

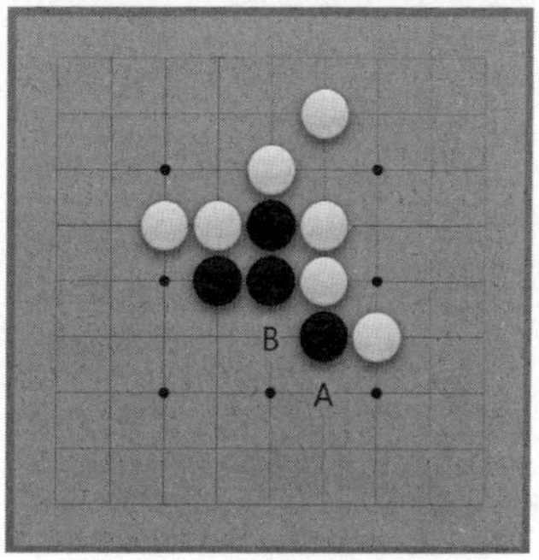

第10题　A和B均为正解

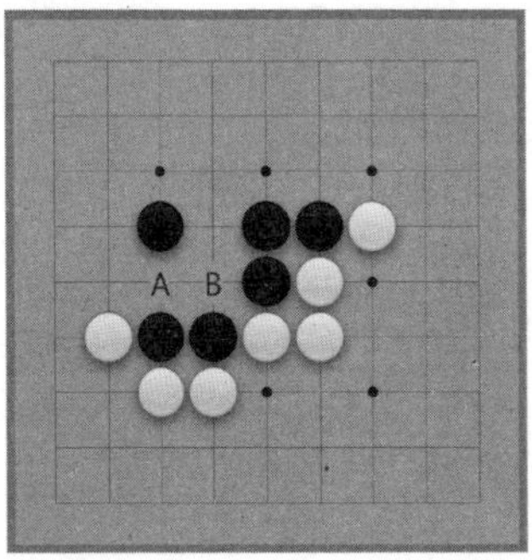

第11题　A和B均为正解

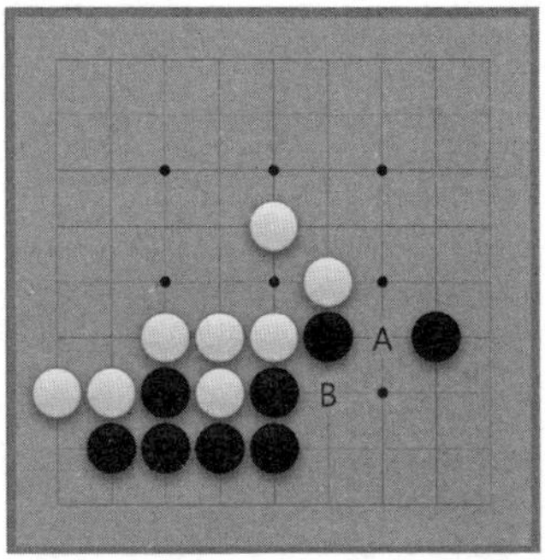

第12题　A和B均为正解

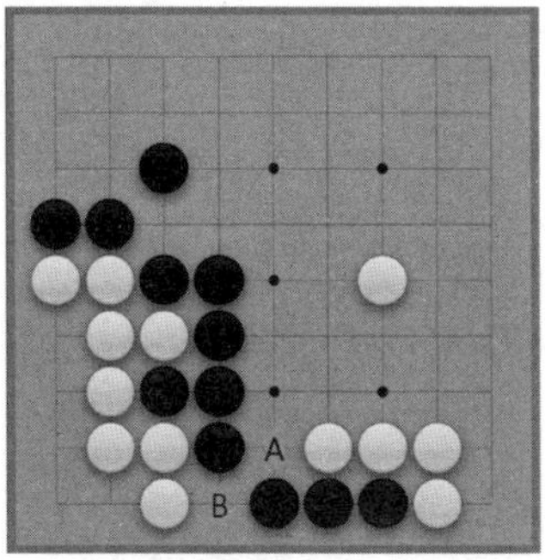

第13题

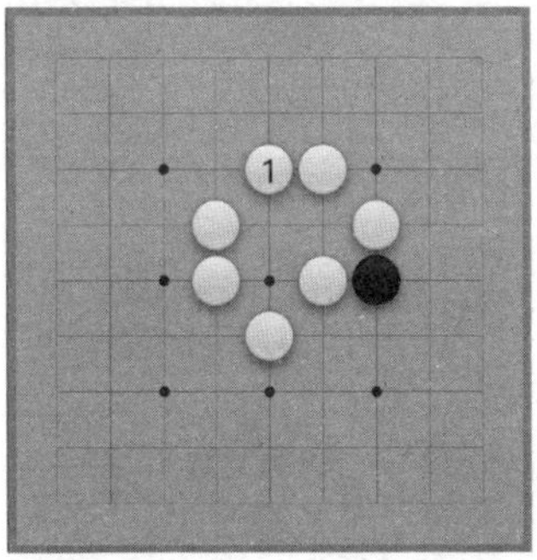

第14题

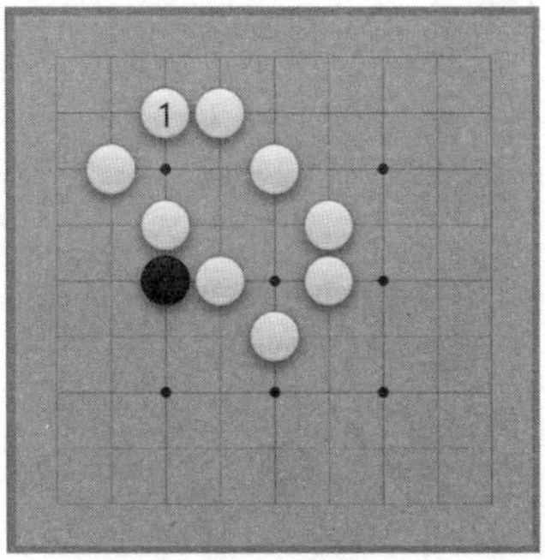

第15题

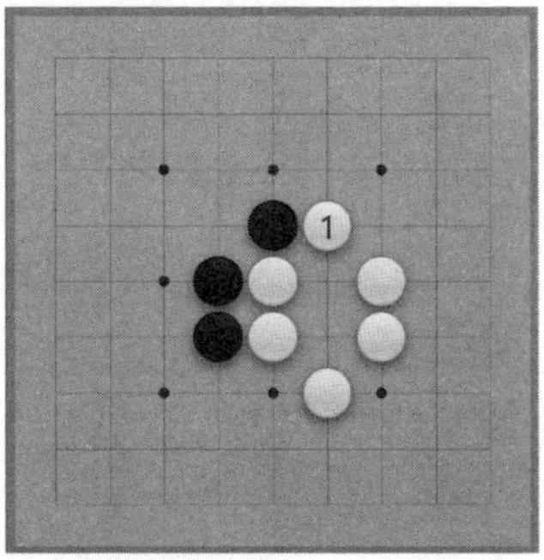

第16题

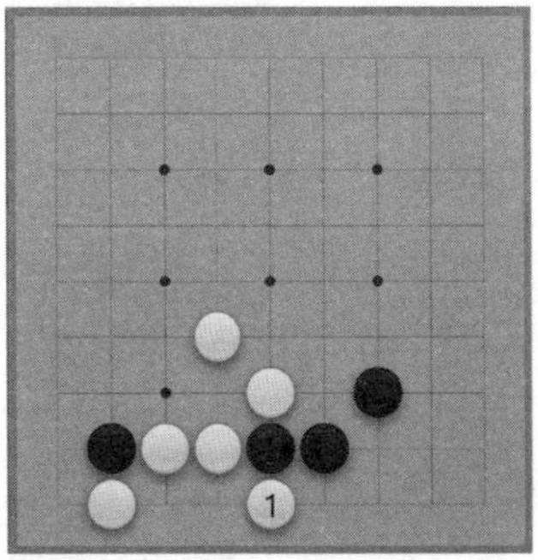

第17题

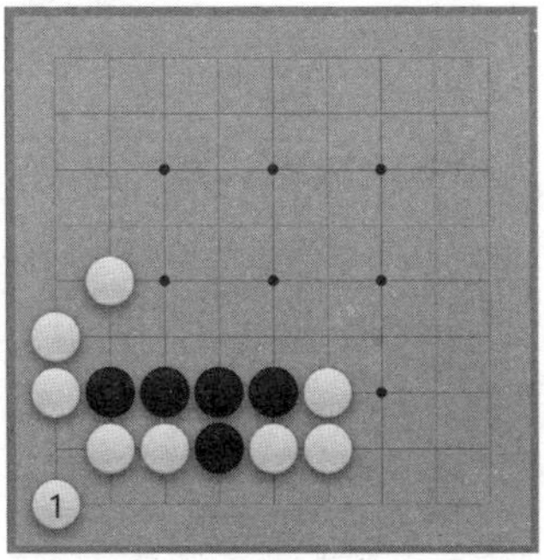

第18题

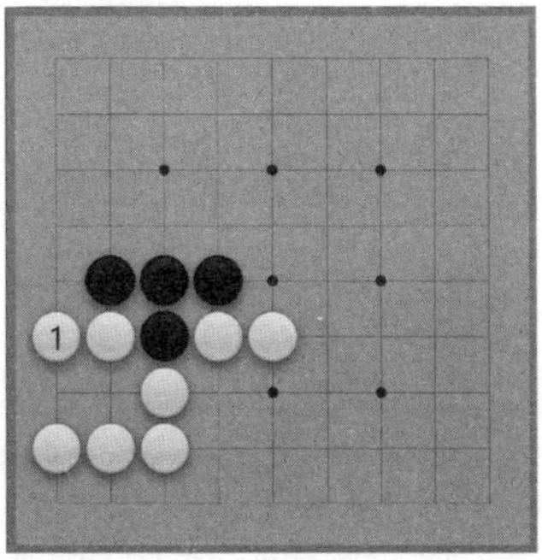

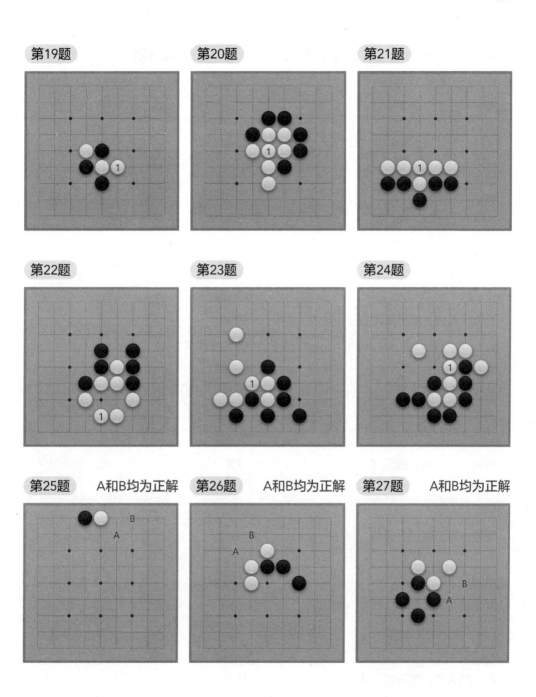

第19题

第20题

第21题

第22题

第23题

第24题

第25题　　A和B均为正解

第26题　　A和B均为正解

第27题　　A和B均为正解

第28题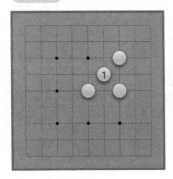

第29题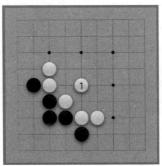

第30题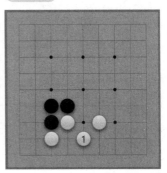

第31题
○不是禁入点，落子后可提子

第32题
○是禁入点，落子后无气

第33题
○是禁入点，落子后无气

第34题
○是禁入点，落子后无气

第35题
○不是禁入点，落子后尚有一口气

第36题
○不是禁入点，落子后可提子

第37题
一块棋

第38题
三块棋

第39题
一块棋

第40题
两块棋

第41题
四块棋

第42题
一块棋

第43题 A、B和C均为正解

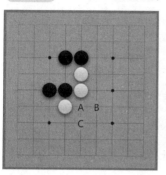

第44题

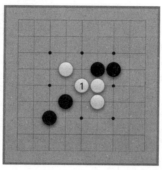

第45题

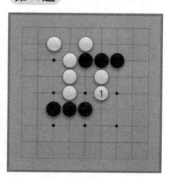

第46题 A和B均为正解

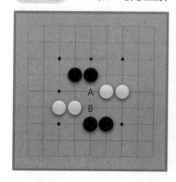

第47题

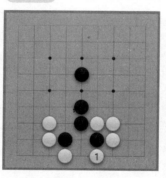

第48题

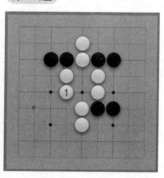

第49题

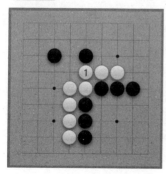

第50题 A和B均为正解

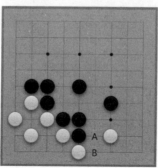

第51题

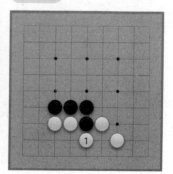

第52题

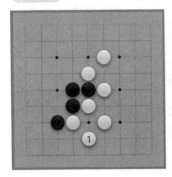

第53题

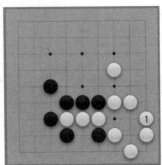

第54题

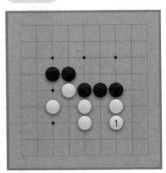

第55题

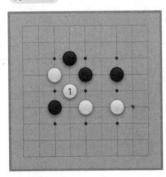

第56题

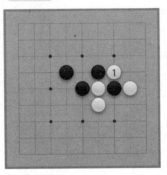

第57题

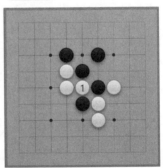

第58题

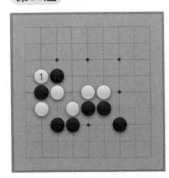

第59题

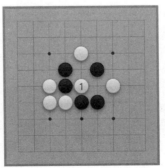

第60题

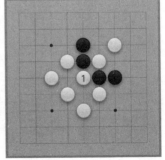

第61题

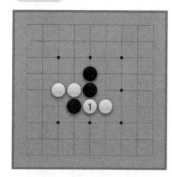

第62题

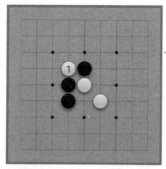

第63题　A和B均为正解

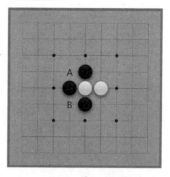

第64题

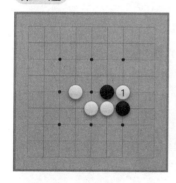

第65题

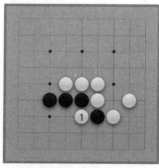

第66题

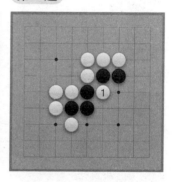

第67题

白1提子后不能形成劫争

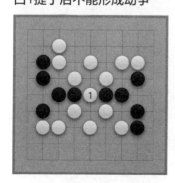

第68题

白1提子后形成劫争

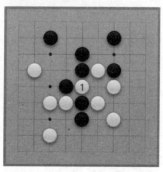

第69题

白1提子后形成劫争

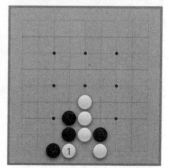

第70题

白1提子后，黑2可反提一子，之后不能形成可相互提子的局面。本图是"打二还一"，不是劫争

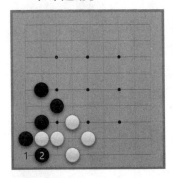

第71题

白1提子后形成劫争

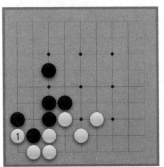

第72题

白1提子后形成劫争

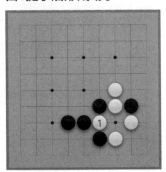

第73题

◎和▲同时被打吃

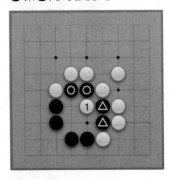

第74题

◎和▲同时被打吃

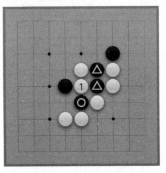

第75题

◎和▲同时被打吃

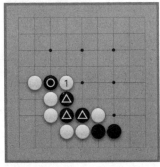

第76题

◎和▲同时被打吃

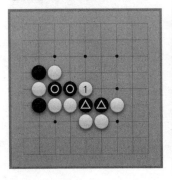

第77题

◎和▲同时被打吃

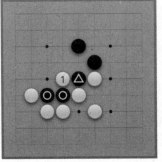

第78题

◎和▲同时被打吃

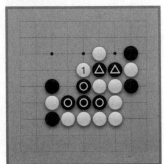

第79题

◉和▲同时被打吃

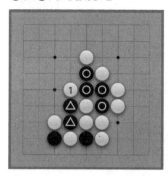

第80题

◉和▲同时被打吃

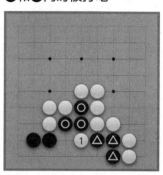

第81题

◉和▲同时被打吃

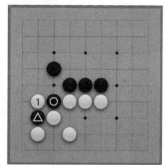

第82题

◉和▲同时被打吃

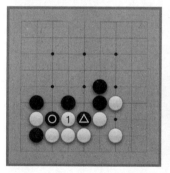

第83题

◉和▲同时被打吃

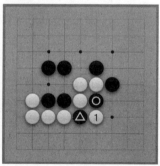

第84题

◉和▲同时被打吃

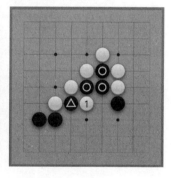

第85题

◉和▲同时被打吃

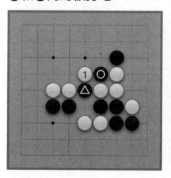

第86题

◉和▲同时被打吃

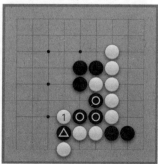

第87题

◉和▲同时被打吃

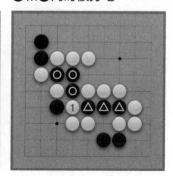

第88题

⊙和△同时被打吃

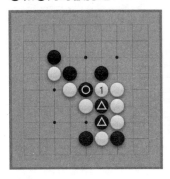

第89题

⊙和△同时被打吃

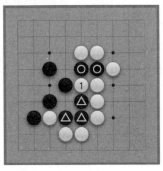

第90题

⊙和△同时被打吃

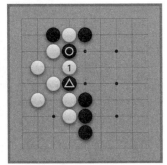

第91题

⊙和△同时被打吃

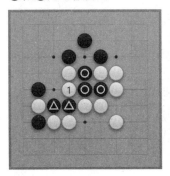

第92题

⊙和△同时被打吃

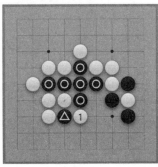

第93题

⊙和△同时被打吃

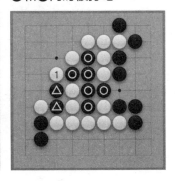

第94题

⊙和△同时被打吃

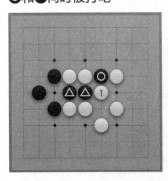

第95题

⊙和△同时被打吃

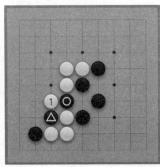

第96题

⊙和△同时被打吃

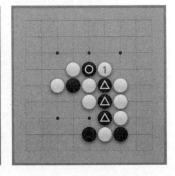

第97题

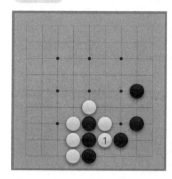

第98题

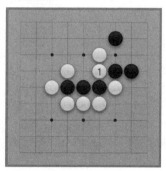

第99题

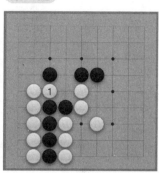

第100题

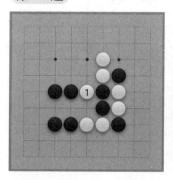

第101题

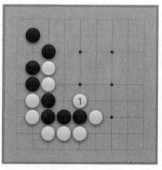

第102题

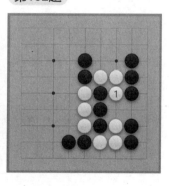

第103题

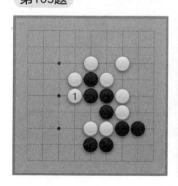

第104题

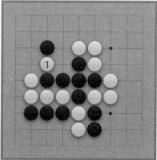

第105题

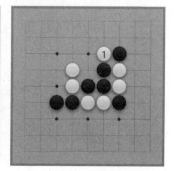

第106题

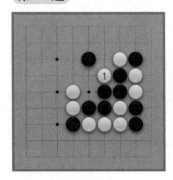

第107题

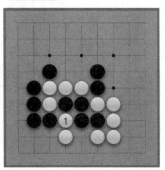

第108题

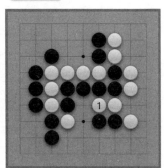

第109题

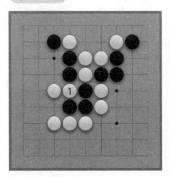

第110题

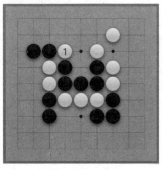

第111题

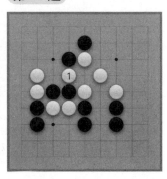

第112题

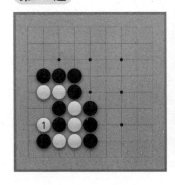

第113题

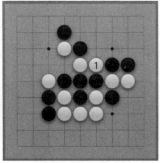

第114题

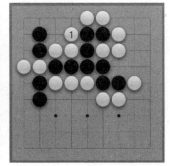

第115题　　略

第116题

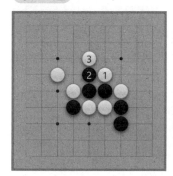

第117题

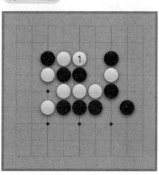

第118题

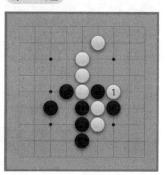

第119题

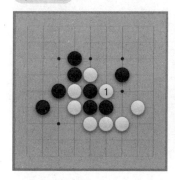

第120题

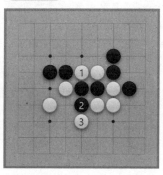

第121题

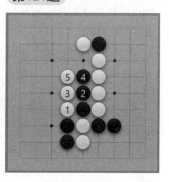

第122题

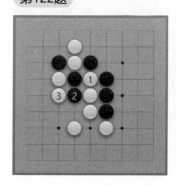

第123题

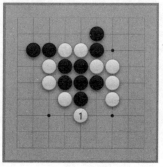

第124题

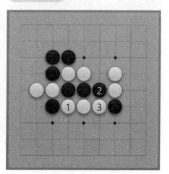

第125题

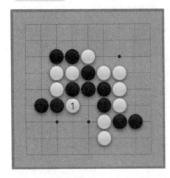

第126题

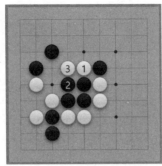

第127题

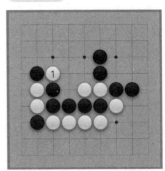

第128题

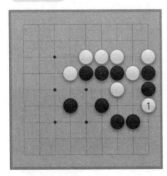

第129题

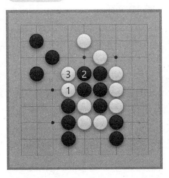

第130题

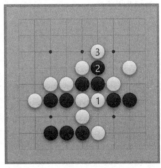

第131题

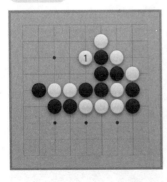

第132题

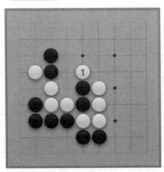

第133题

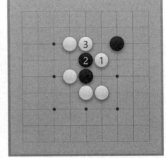

第134题

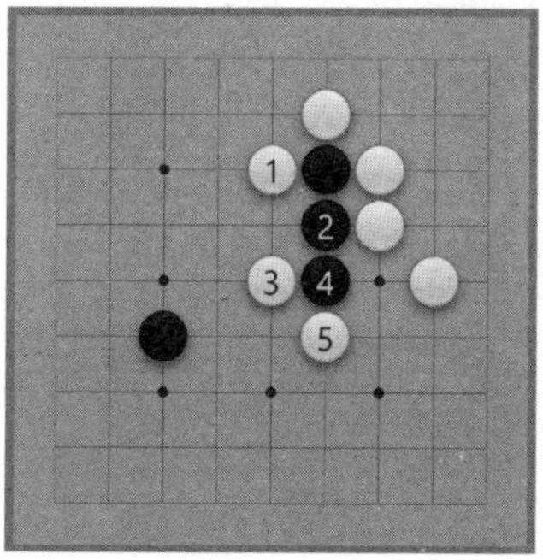

第135题

第136题　　（1）

第136题　　（2）

第136题　　（3）

第137题

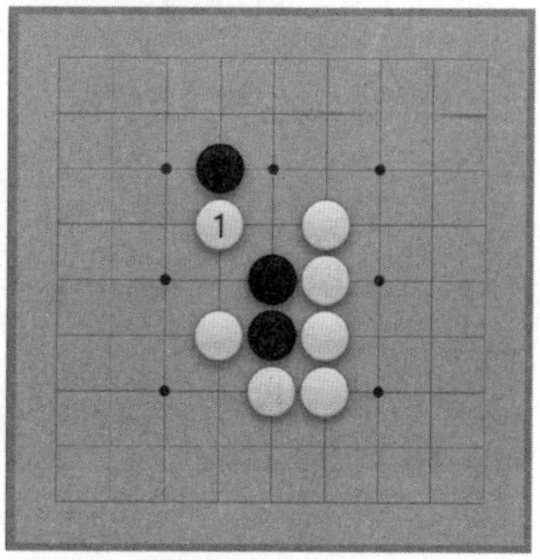

第138题

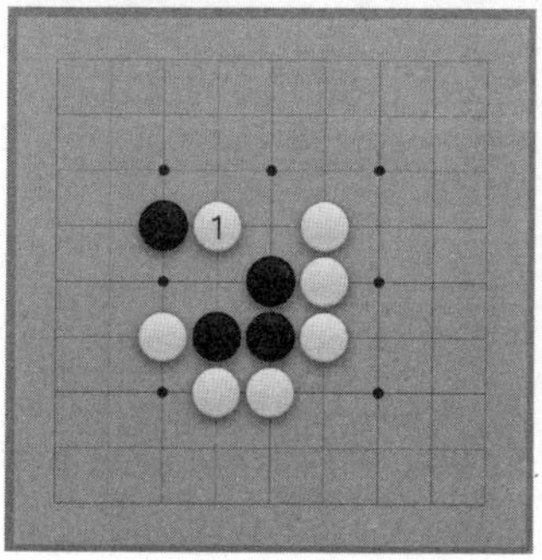

第139题

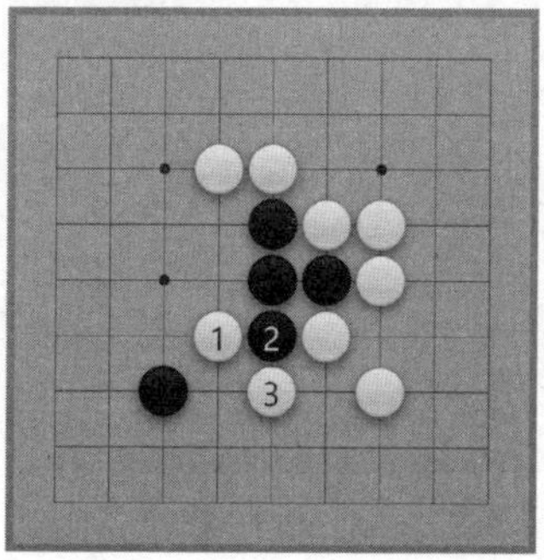

第140题

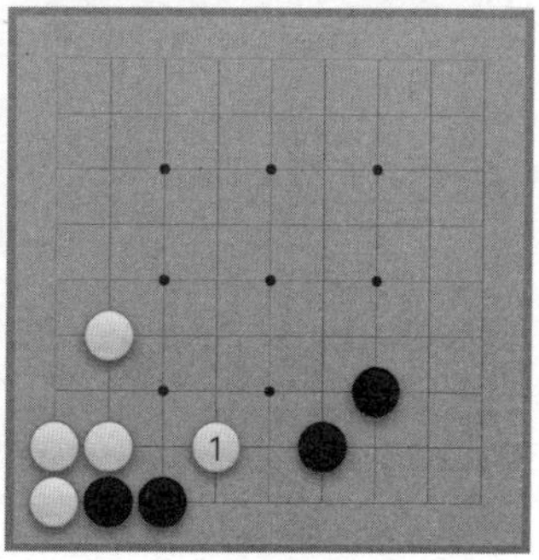

第141题

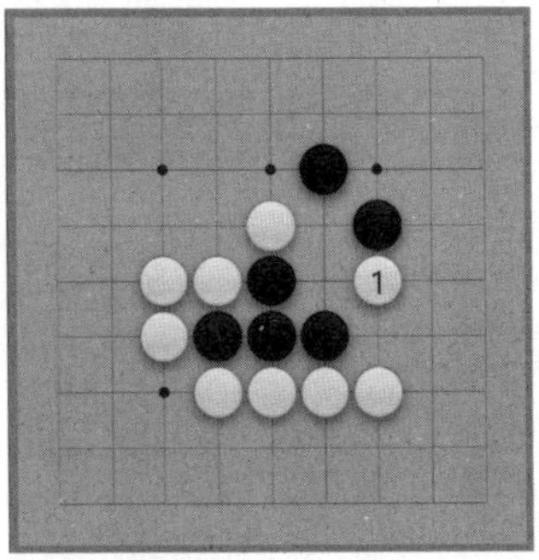

第142题

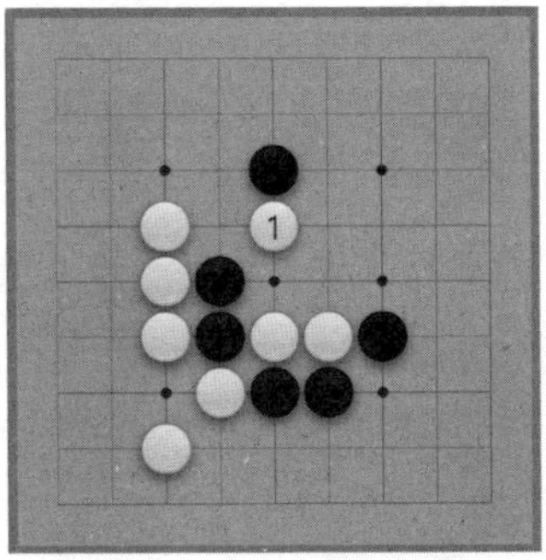

第143题

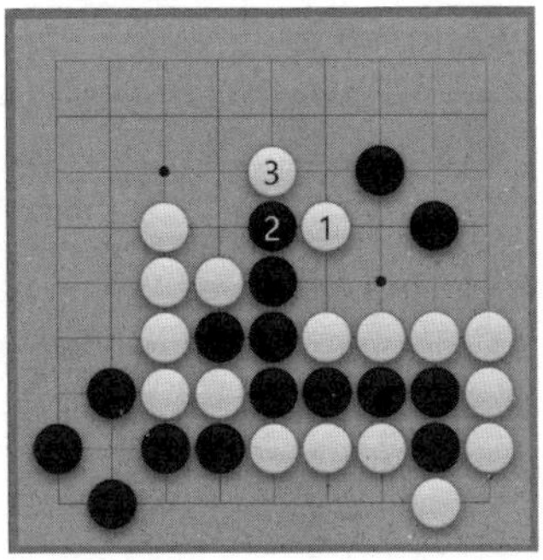

第144题　　（1）

第144题　　（2）

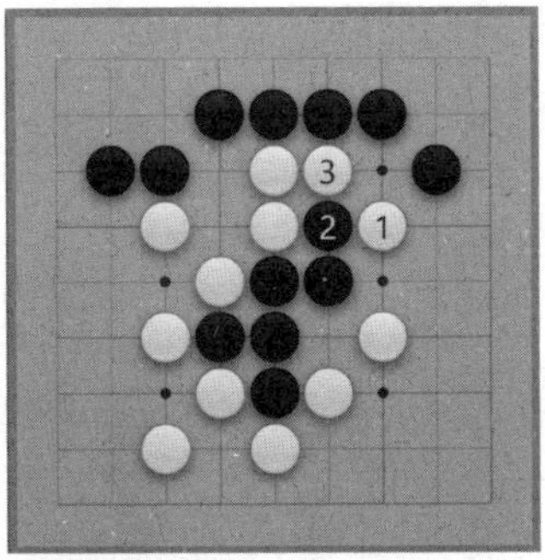

第145题

第146题

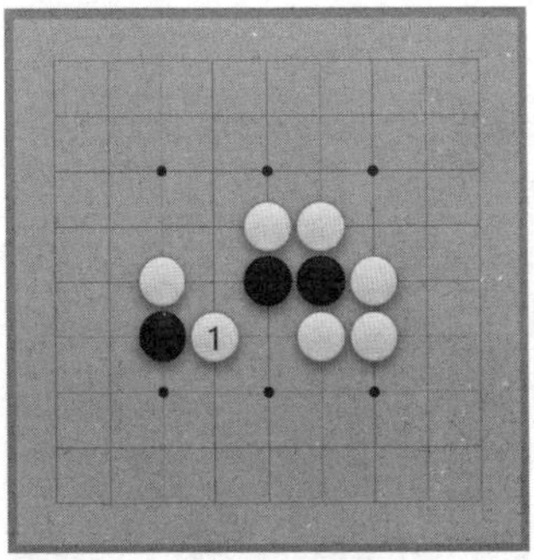

第147题　　（1）

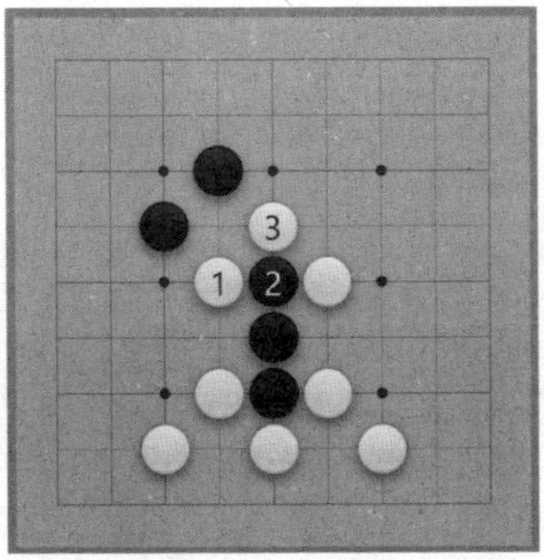

第147题　　（2）

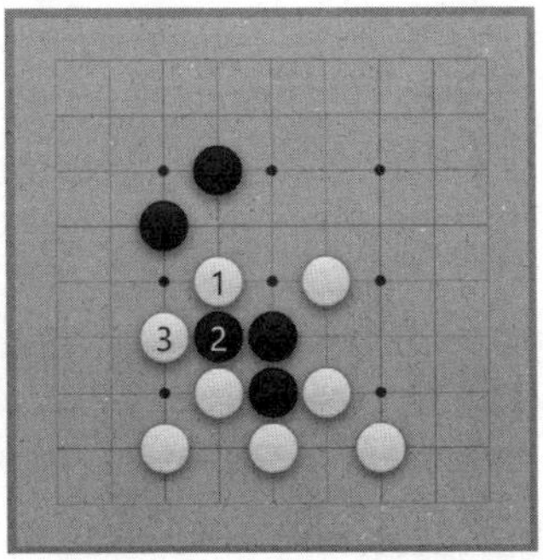

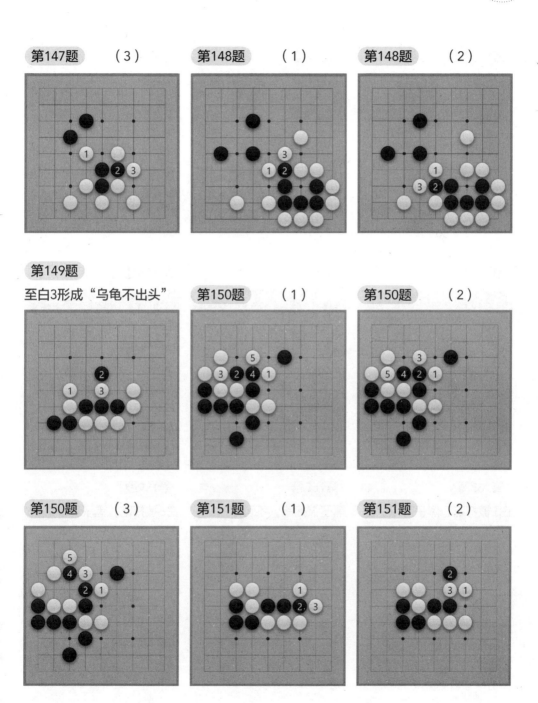

第147题　（3）

第148题　（1）

第148题　（2）

第149题

至白3形成"乌龟不出头"

第150题　（1）

第150题　（2）

第150题　（3）

第151题　（1）

第151题　（2）

第151题　　（3）

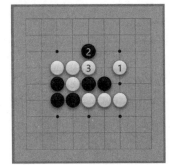

第152题

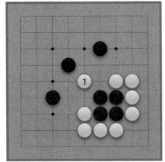

第153题

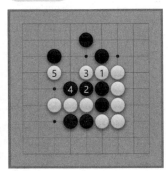

第154题

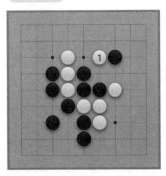

第155题

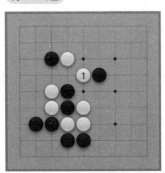

第156题

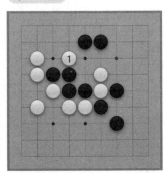

第157题

白2被打吃，黑子可以逃跑

第158题

黑子被抱吃，不可以逃跑

第159题

白6被打吃，黑子可以逃跑

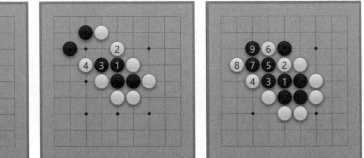

第160题
黑○一子起不到引征作用，黑子不可以逃跑

第161题
黑9提子打吃白4，黑子可以逃跑

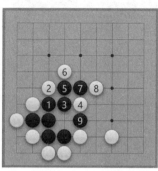

第162题
黑○一子起不到引征作用，黑子不可以逃跑

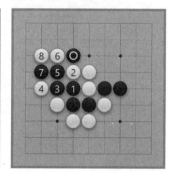

第163题

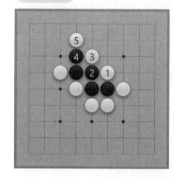

第164题

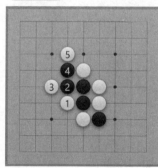

第165题

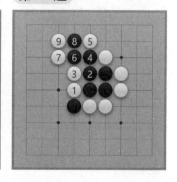

第166题

第167题

第168题

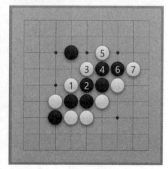

第169题

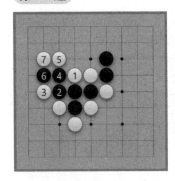

第170题

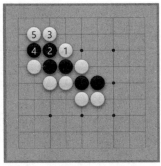

第171题

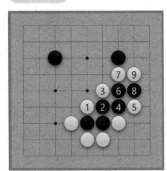

第172题

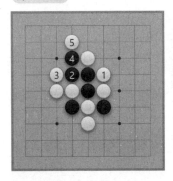

第173题

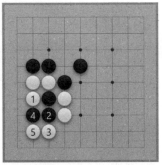

第174题

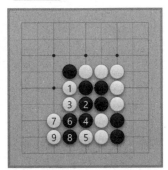

第175题

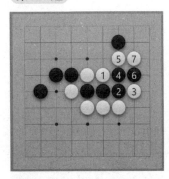

第176题

第177题

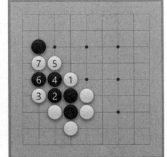

第178题

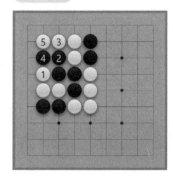

第179题

第180题

第181题

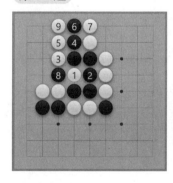

第182题

第183题

第184题

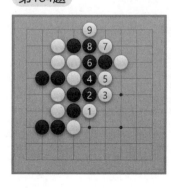

第185题

第186题

第187题

第188题

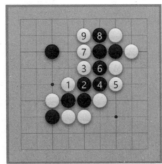

第189题

第190题

第191题

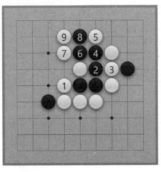

第192题

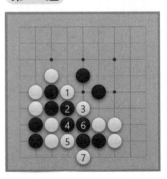

第193题

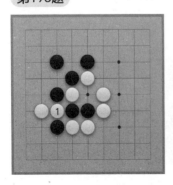

第194题

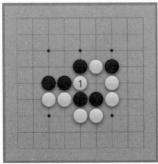

第195题

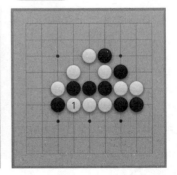

第196题

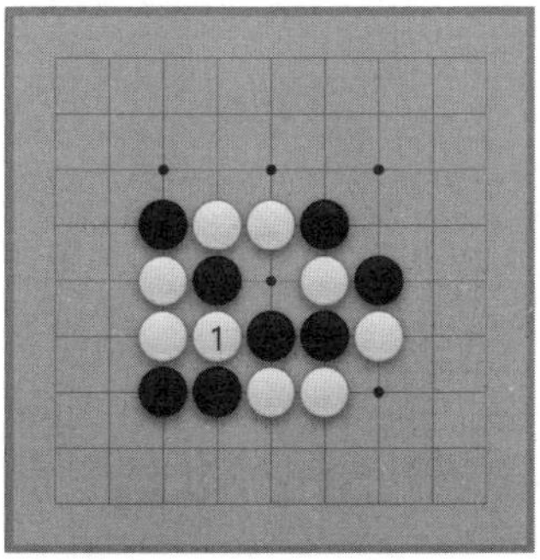

第197题

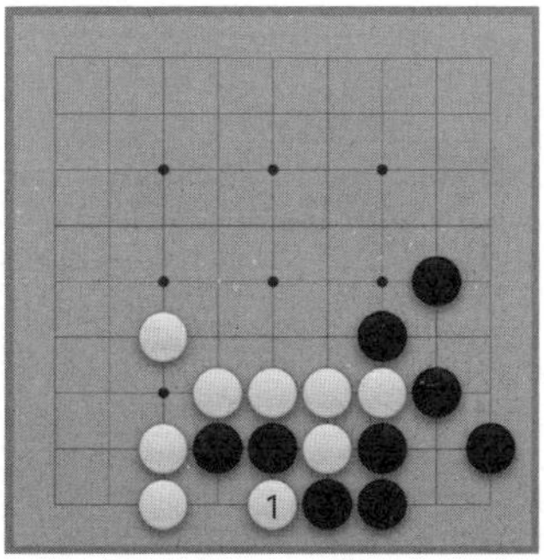

第198题

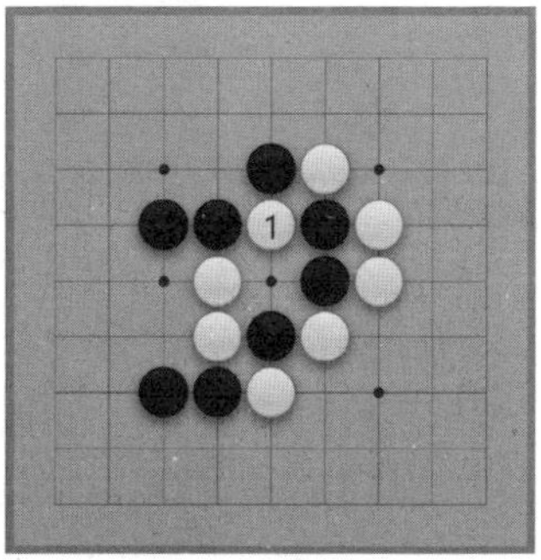

第199题

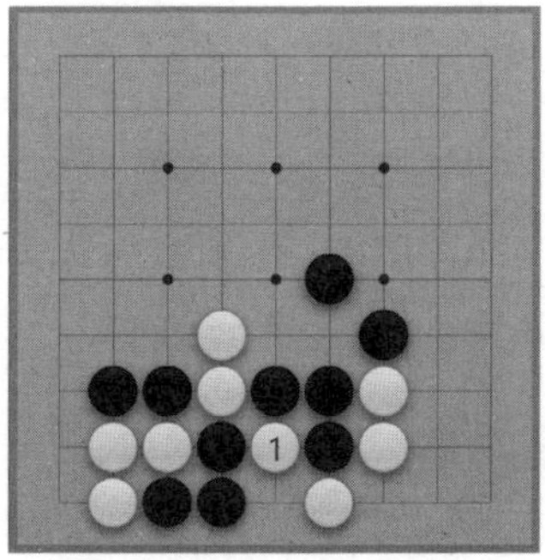

第200题

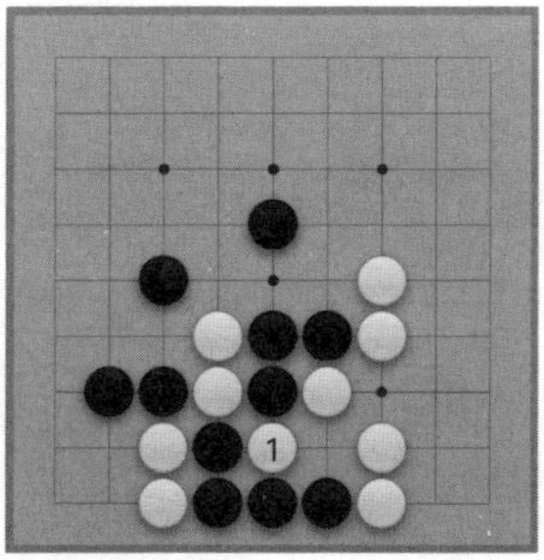

第201题

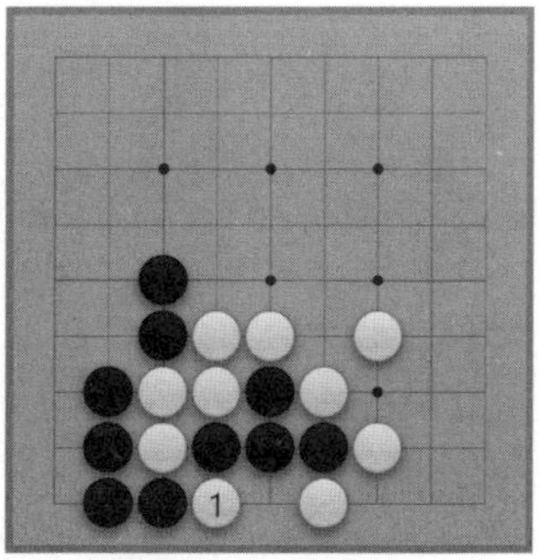

第202题

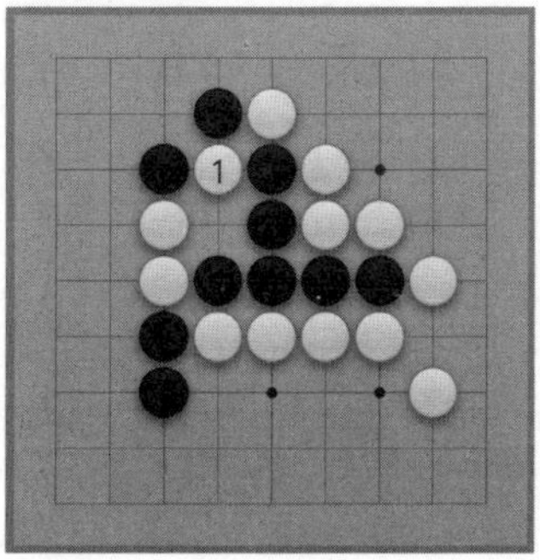

第203题

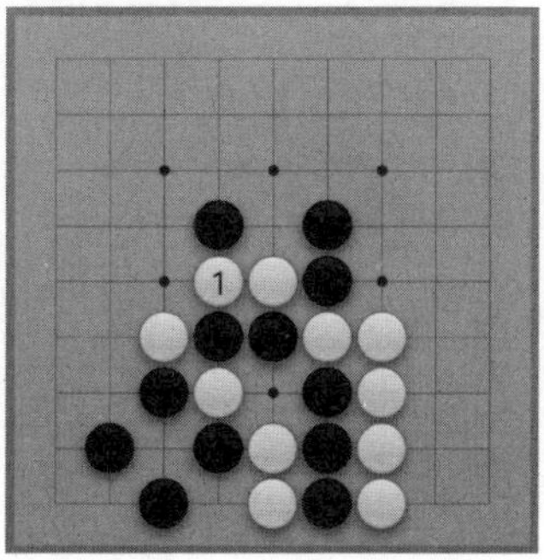

第204题

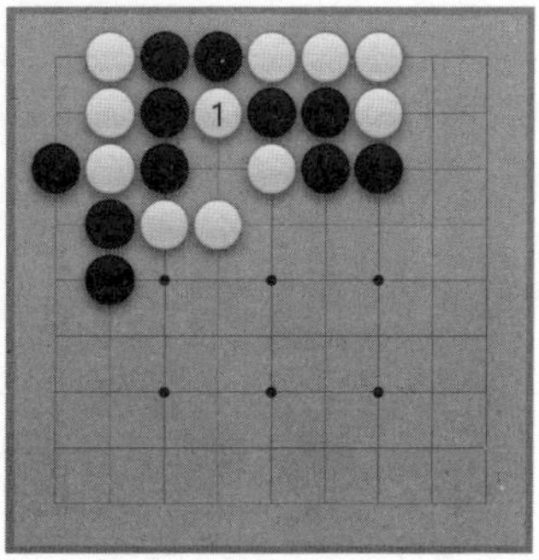

第205题

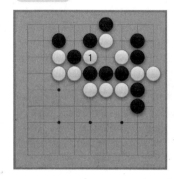

第206题

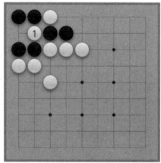

第207题

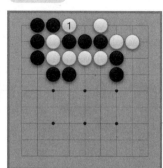

第208题

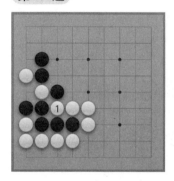

第209题

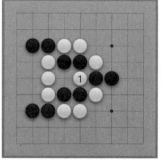

第210题

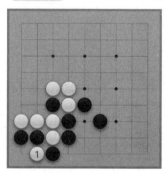

第211题

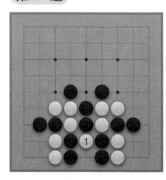

第212题

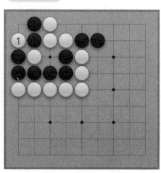

第213题

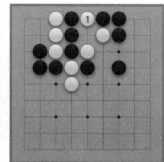

第214题

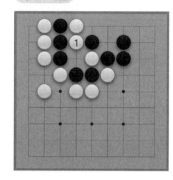

第215题

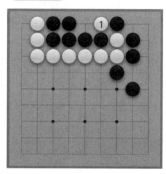

第216题

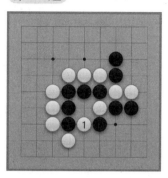

第217题

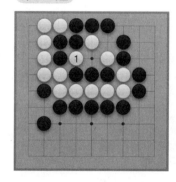

第218题

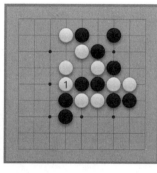

第219题

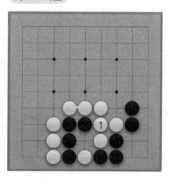

第220题

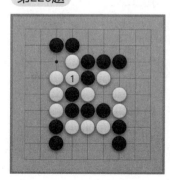

第221题

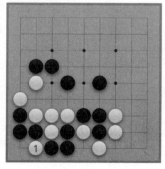

第222题

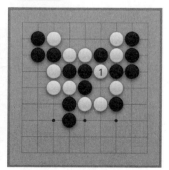

第223题
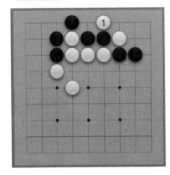

第224题
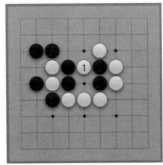

第225题
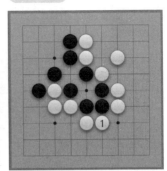

第226题
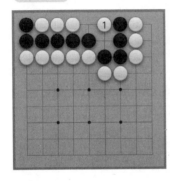

第227题
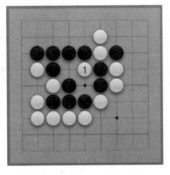

第228题
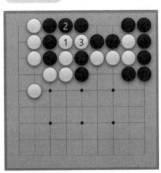

第229题
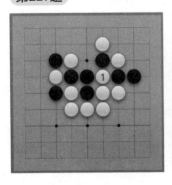

第230题
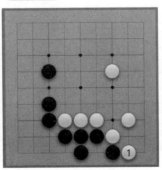

第231题
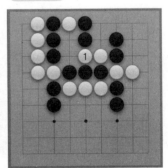

第232题

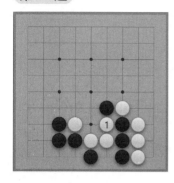

第233题

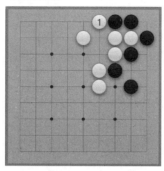

第234题

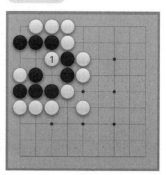

第235题

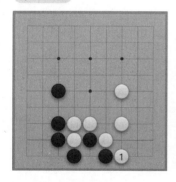

第236题

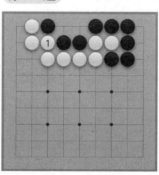

第237题

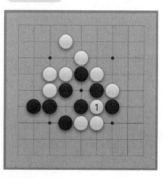

第238题

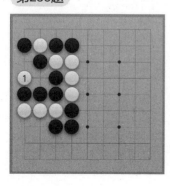

第239题

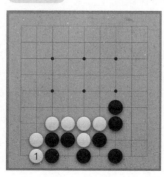

第240题

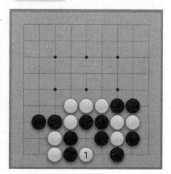

第241题

第242题

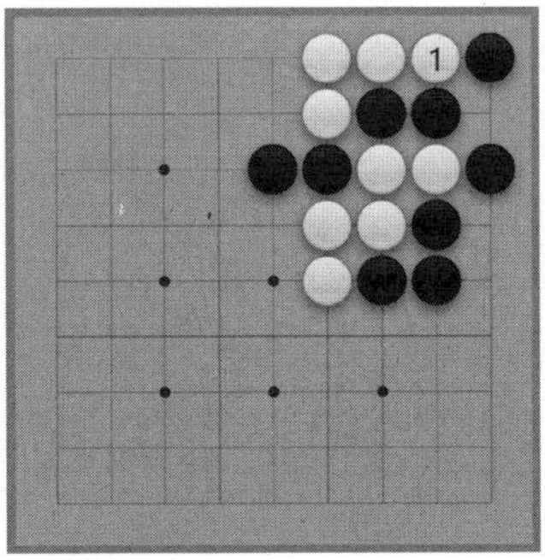

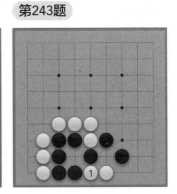

第243题

第244题

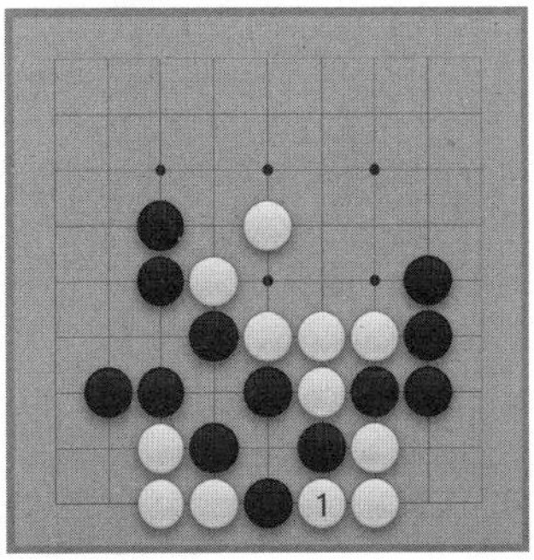

第245题

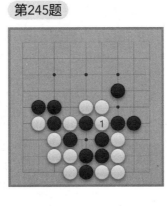

第246题

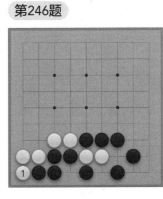

第247题

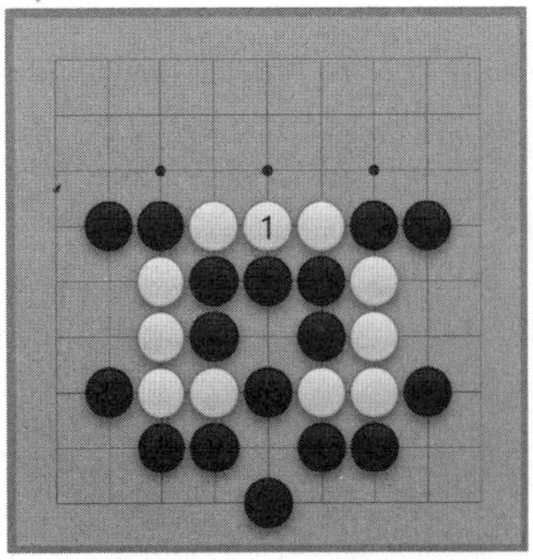

第248题

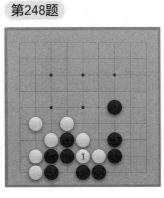

第249题

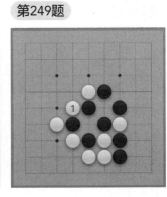

第250题

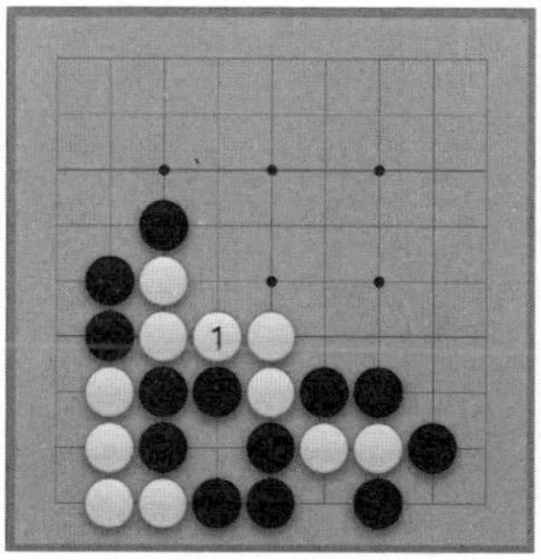

第251题

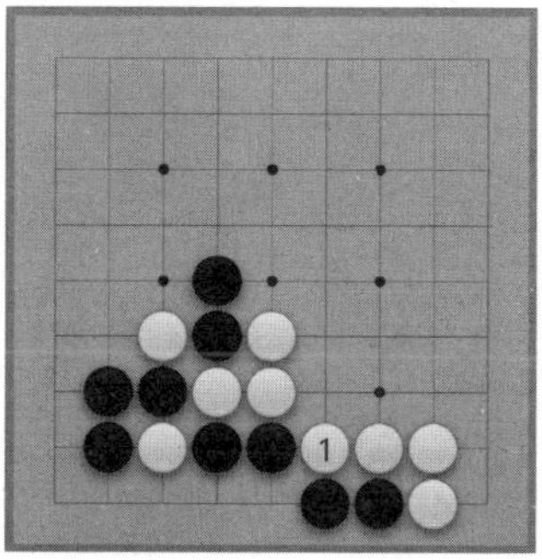

第252题

第253题

第254题

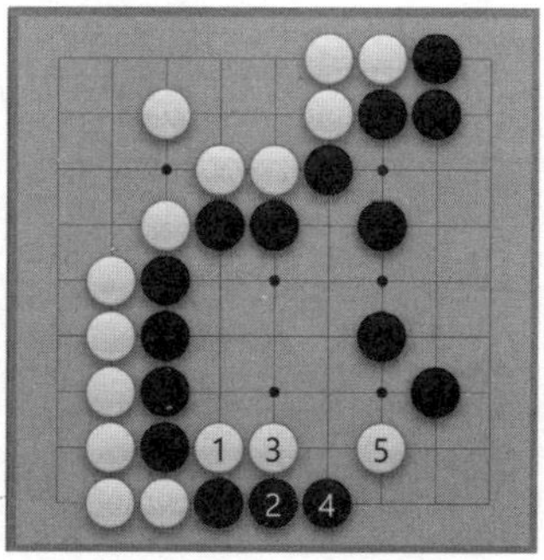

第255题 （1）

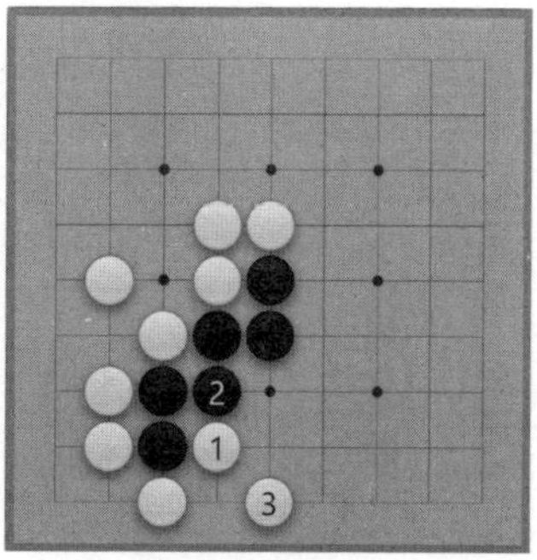

第255题 （2）

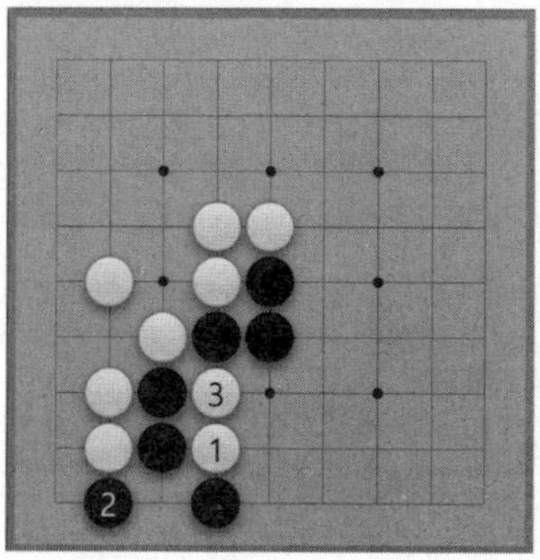

第256题

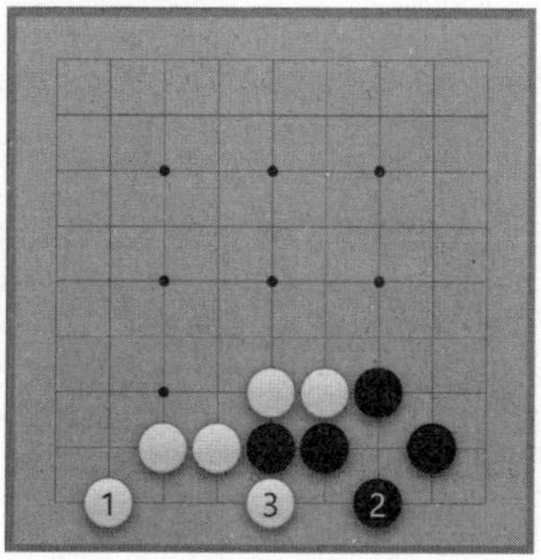

第257题

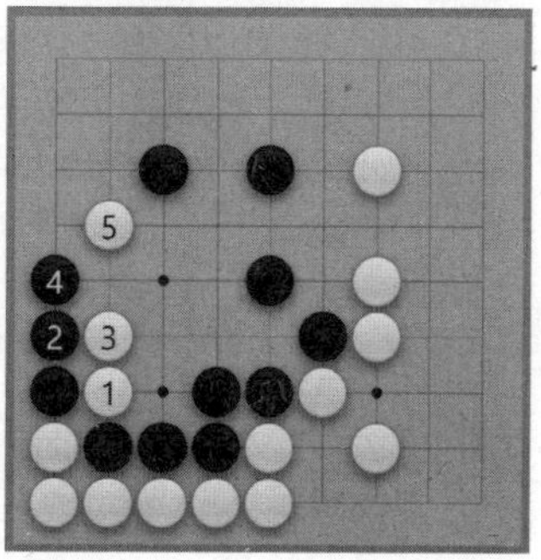

第258题

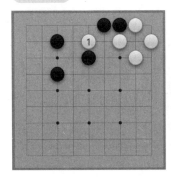

第259题

第260题

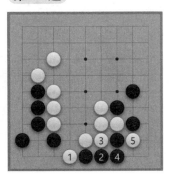

第261题

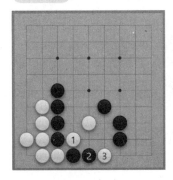

第262题

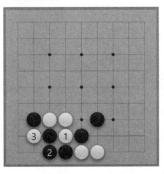

第263题

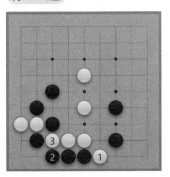

第264题

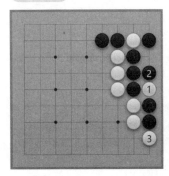

第265题

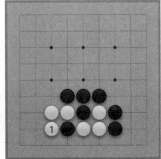

第266题

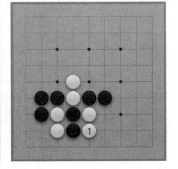

第267题

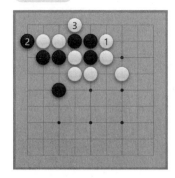

第268题

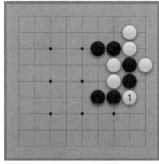

第269题

第270题

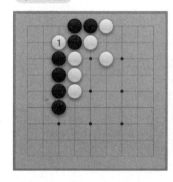

第271题

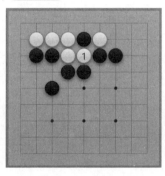

第272题

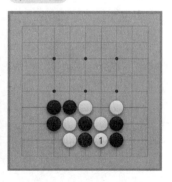

第273题

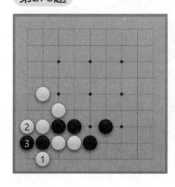

第274题

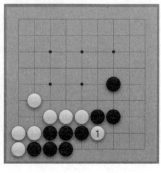

第275题

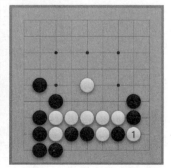

第276题

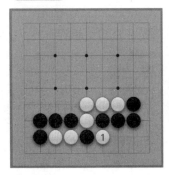

第277题

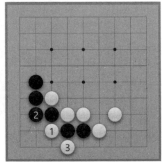

第278题

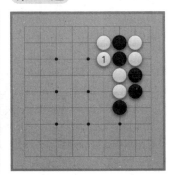

第279题

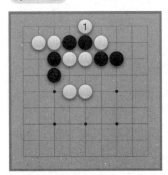

第280题

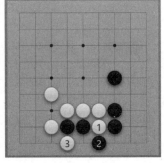

第281题

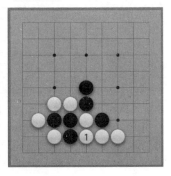

第282题

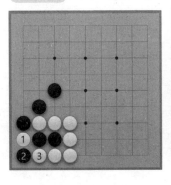

第283题

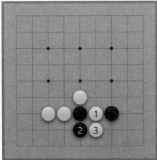

第284题

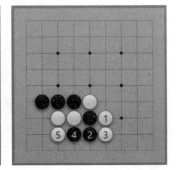

第285题

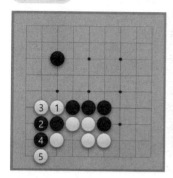

第286题

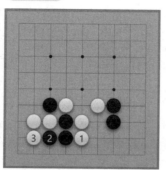

第287题

第288题

第289题

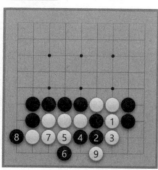

第290题

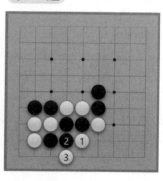

第291题

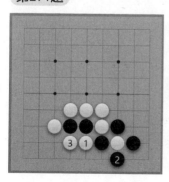

第292题

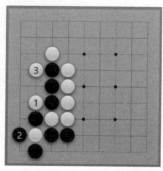

第293题

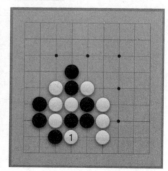

第294题　　4=1
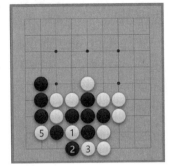

第295题
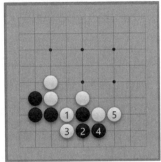

第296题
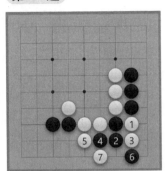

第297题
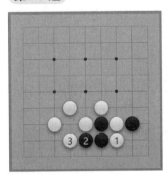

第298题
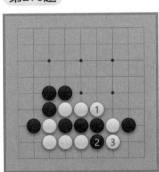

第299题
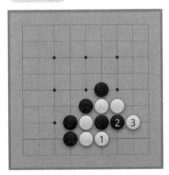

第300题
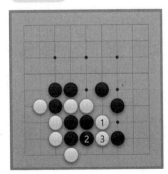

第301题	死棋	第307题	活棋
第302题	死棋	第308题	死棋
第303题	活棋	第309题	死棋
第304题	死棋	第310题	活棋
第305题	活棋	第311题	活棋
第306题	活棋	第312题	死棋

第313题

第314题　　5=1

第315题

第316题　　（1）

第316题　　（2）

第317题

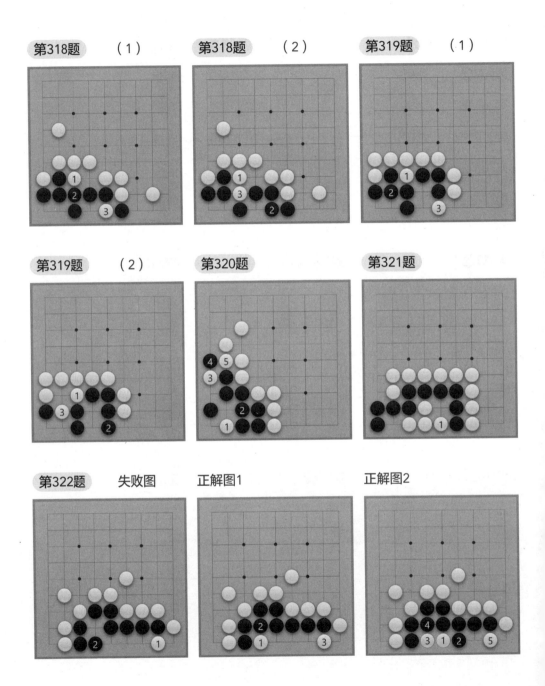

第318题　　（1）

第318题　　（2）

第319题　　（1）

第319题　　（2）

第320题

第321题

第322题　　失败图

正解图1

正解图2

第323题

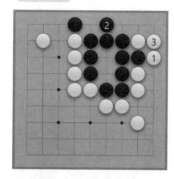

第324题

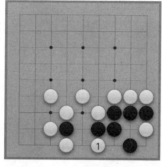

第325题　　3=1

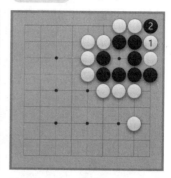

第326题　　6=2

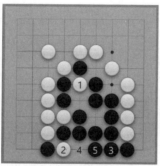

第327题　　（1）

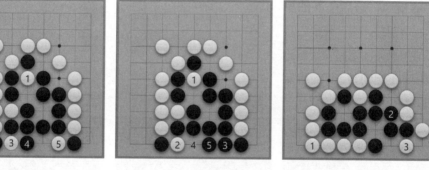

正解图

白1之后黑棋已经死了，黑2是后手死，白方不用继续行棋，黑棋也是死的

第328题　　失败图

形成接不归，白子阵亡，黑棋获得真眼

第327题　　（2）

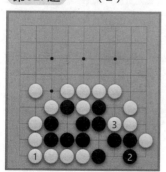

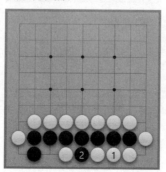

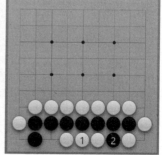

第329题　　3=1

黑方提白〇两子没用，是打二还一的棋形，白方不用救

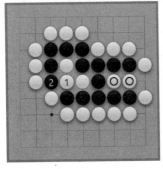

第330题　　失败图

黑2后形成接不归，白1被吃黑棋做活

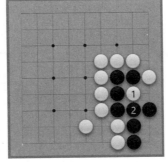

正解图

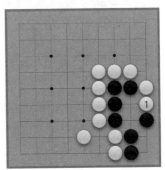

第331题　　黑棋内部是"葡萄六"被点一下的棋形，局部是死棋，只要白方补好自身外围毛病，让自己包围圈不出问题，即可确保黑棋是死棋

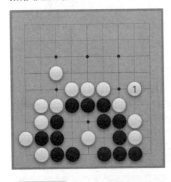

第332题

第333题　　黑3则白2

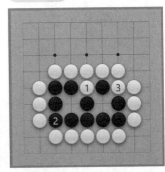

第334题

第335题

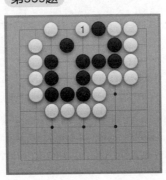

第336题

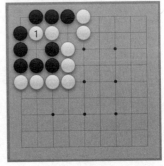

第338题　　5＝3

第337题　　黑3则白2

○＝1后，黑活

第339题

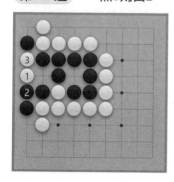

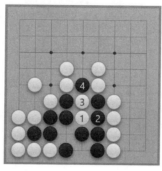

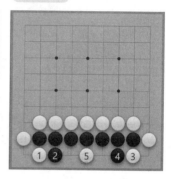

第340题　　3＝1

第341题

第342题　　（1）

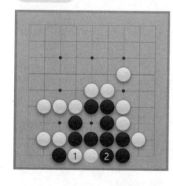

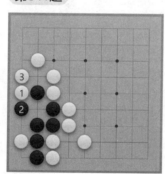

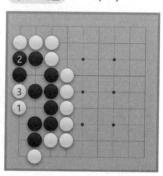

第343题　　失败图

正解图

局部形成打劫，白方失败

5＝3

第342题　　（2）

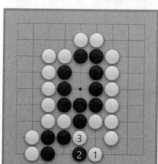

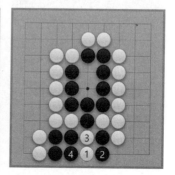

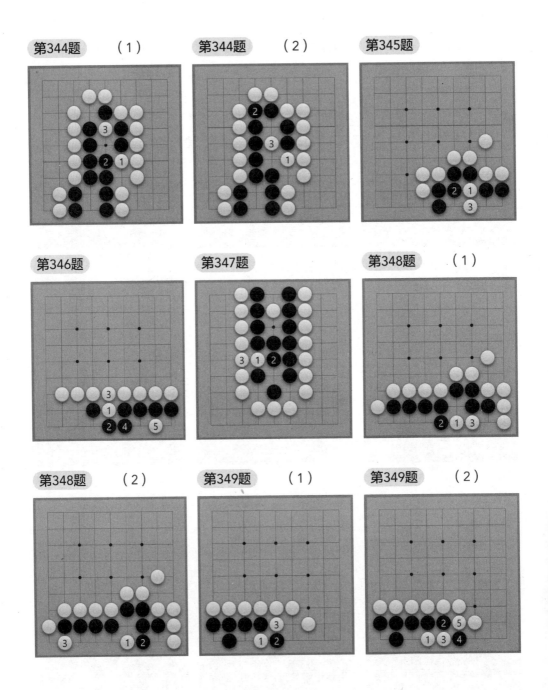

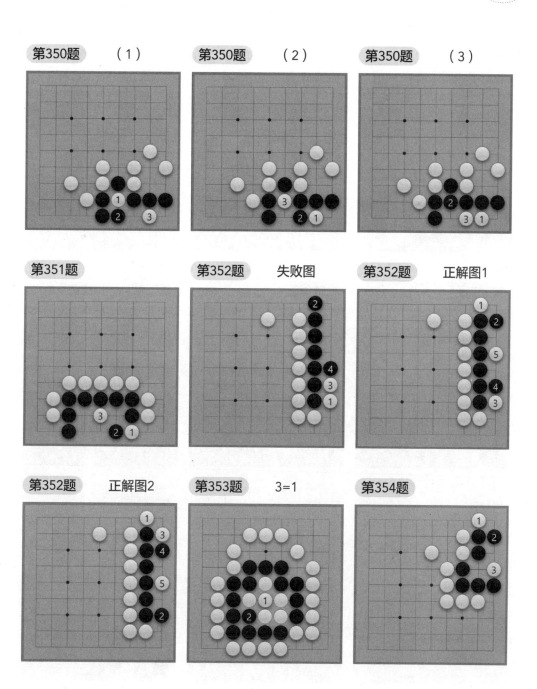

第350题　　（1）

第350题　　（2）

第350题　　（3）

第351题

第352题　　失败图

第352题　　正解图1

第352题　　正解图2

第353题　　3=1

第354题

第355题

黑2提子是后手死

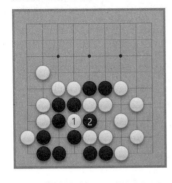

第356题　　失败图　　正解图

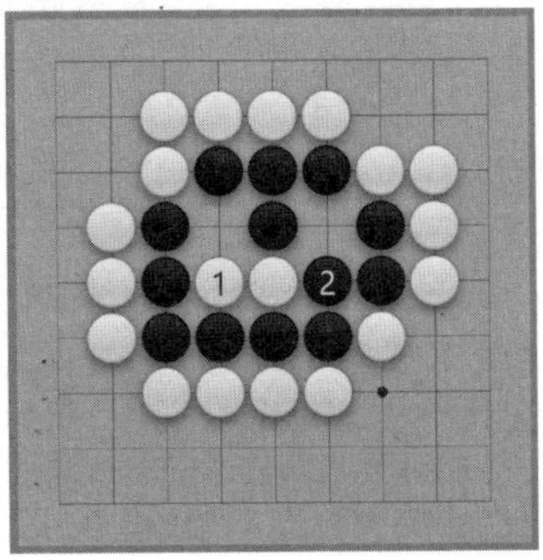

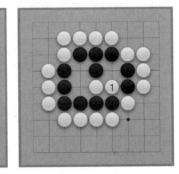

第357题

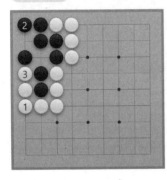

第358题　　3=1

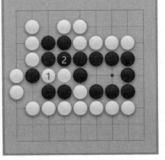

第359题　　失败图1

失败图2　　　　正解图 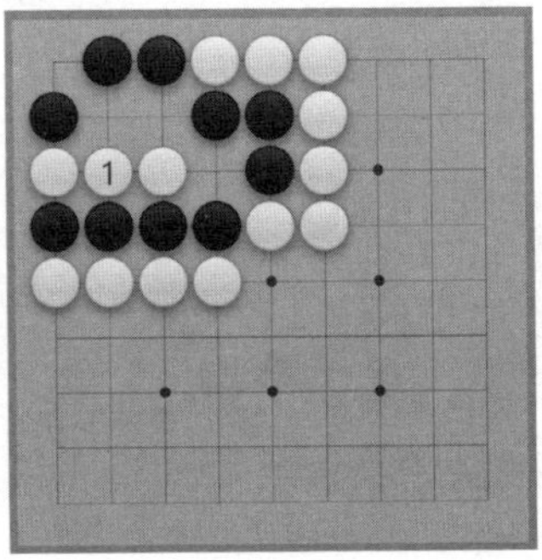　　　　第360题

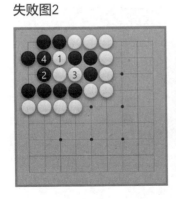

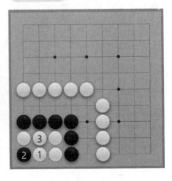

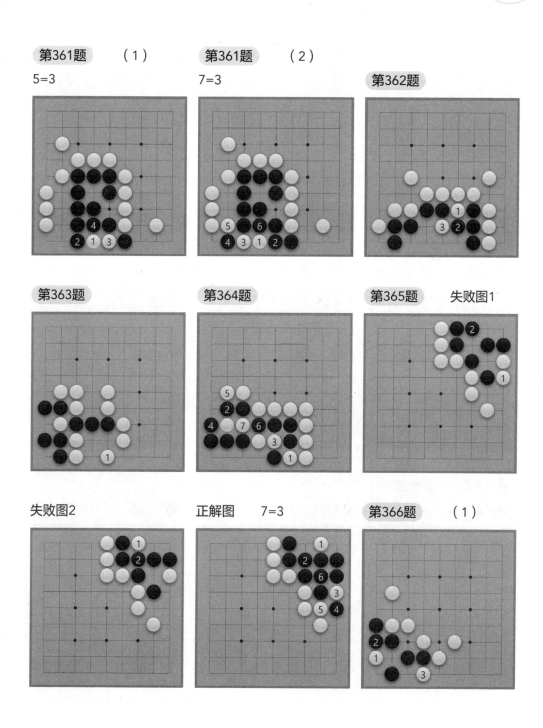

第361题 （1）
5=3

第361题 （2）
7=3

第362题

第363题

第364题

第365题　　失败图1

失败图2

正解图　　7=3

第366题　　（1）

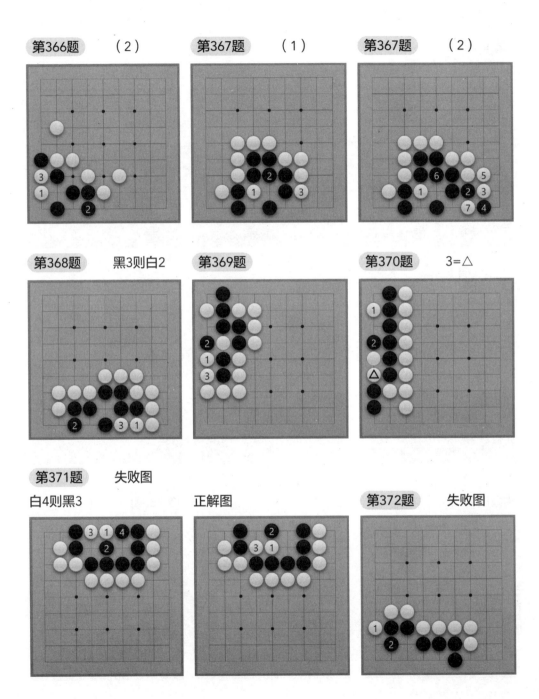

第366题　　（2）

第367题　　　（1）

第367题　　　（2）

第368题　　黑3则白2

第369题

第370题　　3=△

第371题　　失败图

白4则黑3

正解图

第372题　　失败图

正解图1

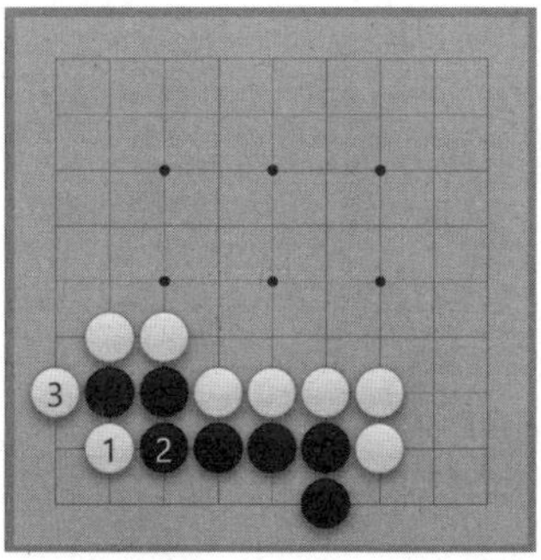

正解图2

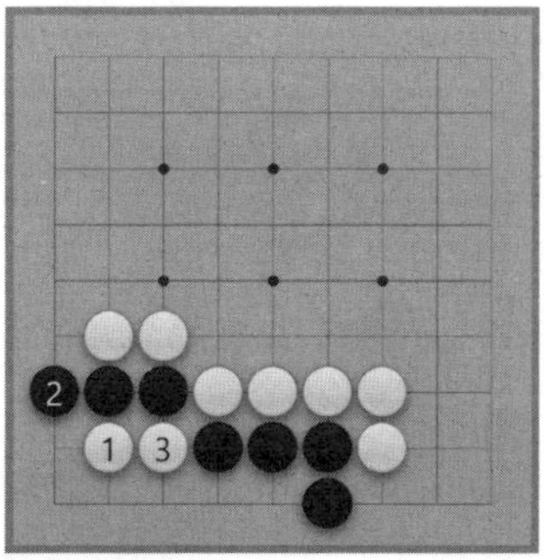

第373题

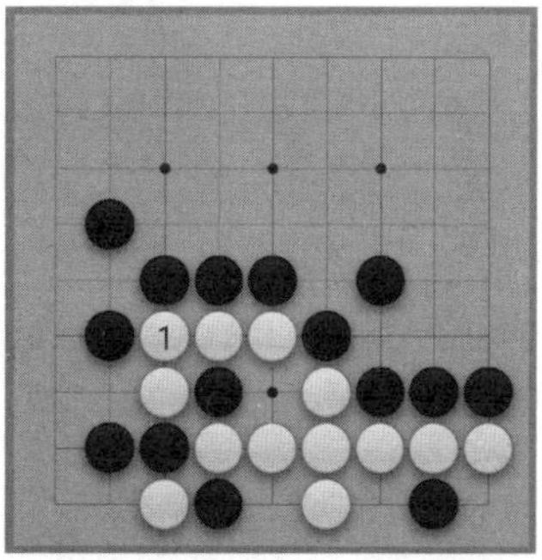

第374题 　4=○，5=△

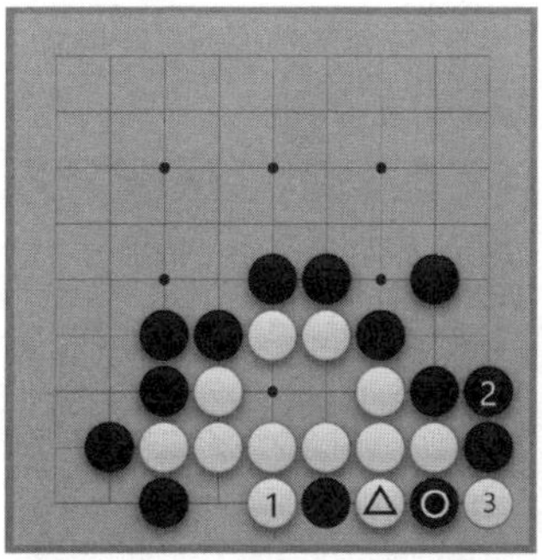

第375题

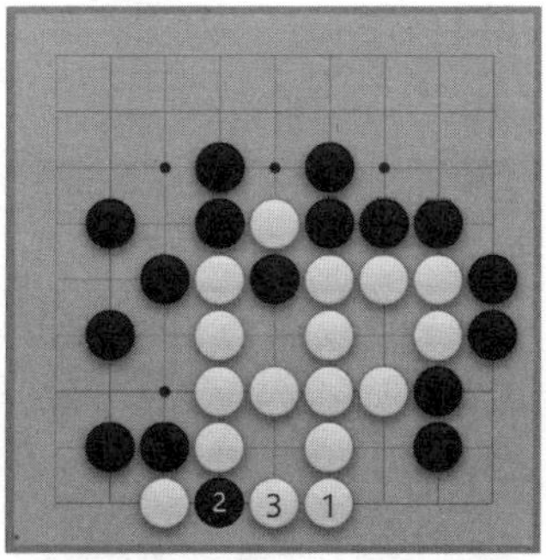

第376题 　失败图

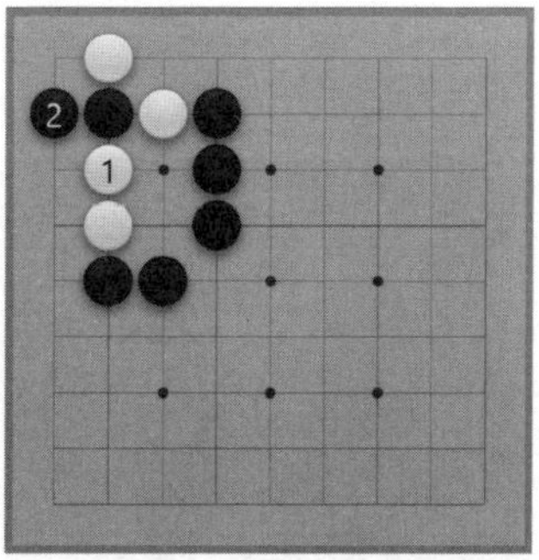

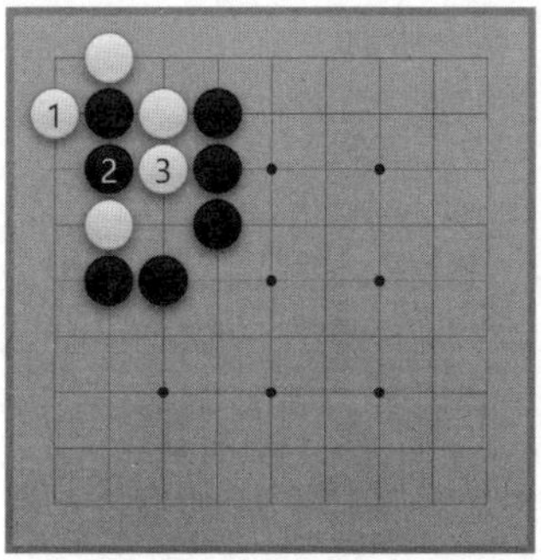

第377题 　失败图

正解图

4=△

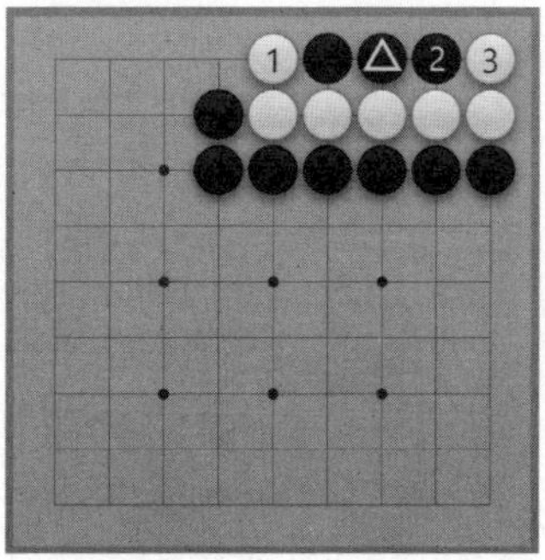

正解图

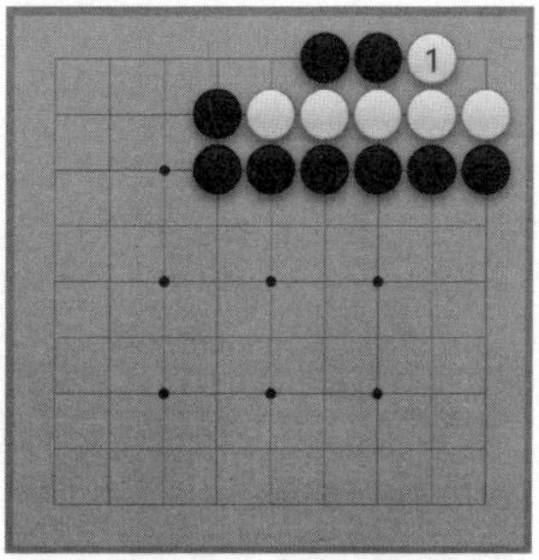

第378题　　失败图

4=△

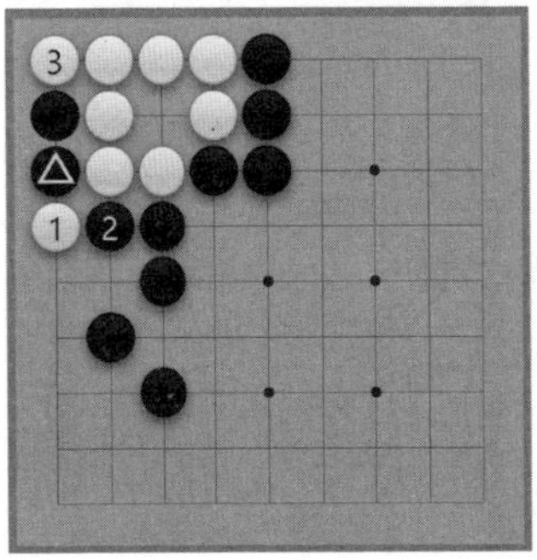

正解图1

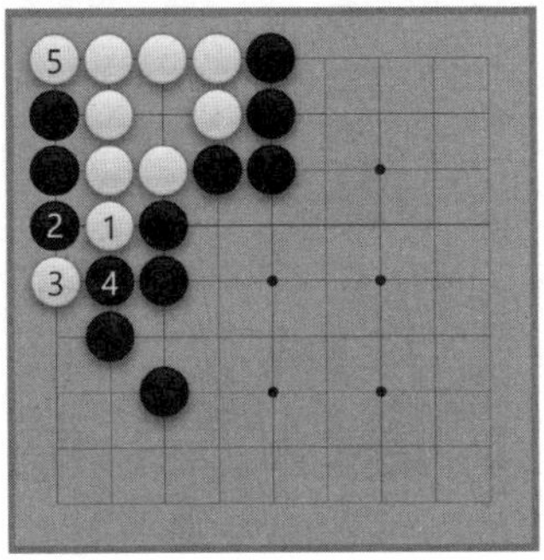

正解图2

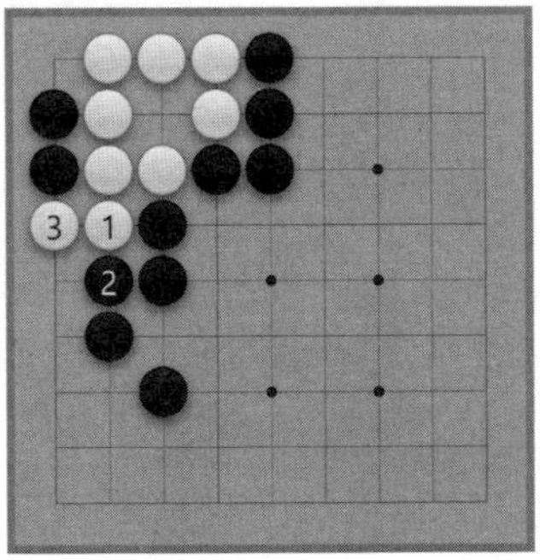

第379题　　（2）

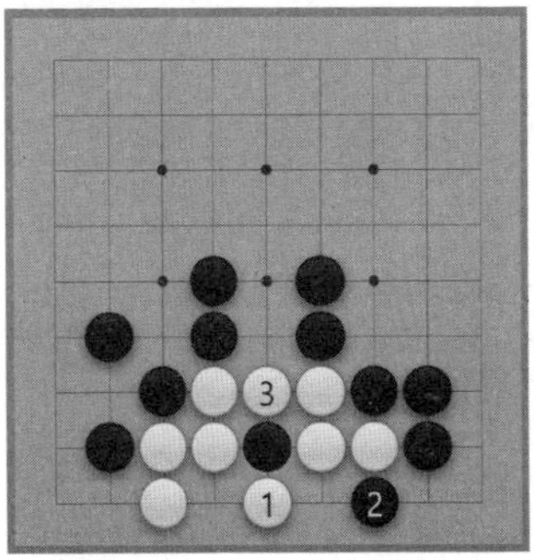

第379题　　（1）

4=2

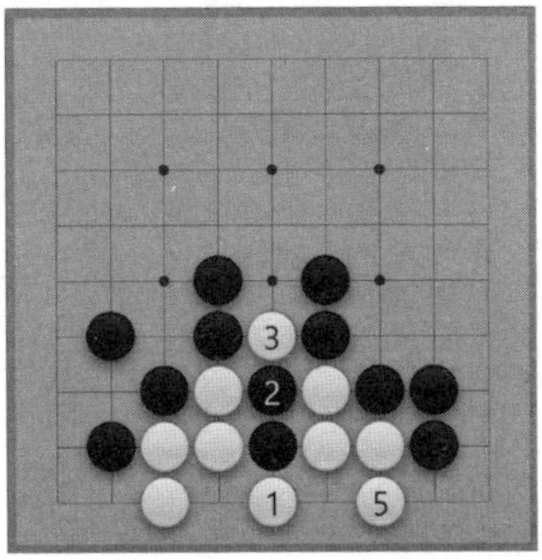

第380题

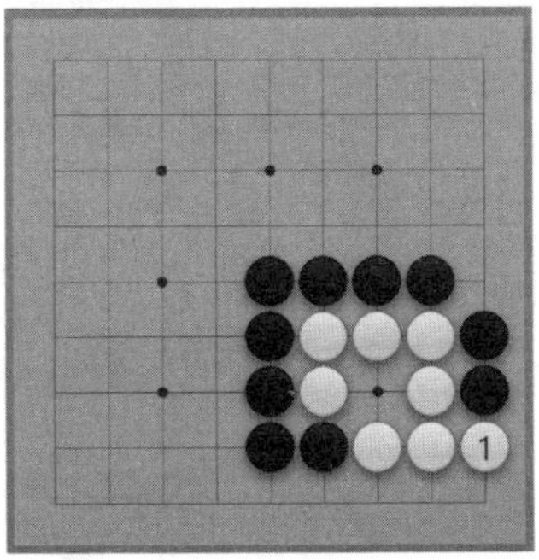

第381题　　失败图

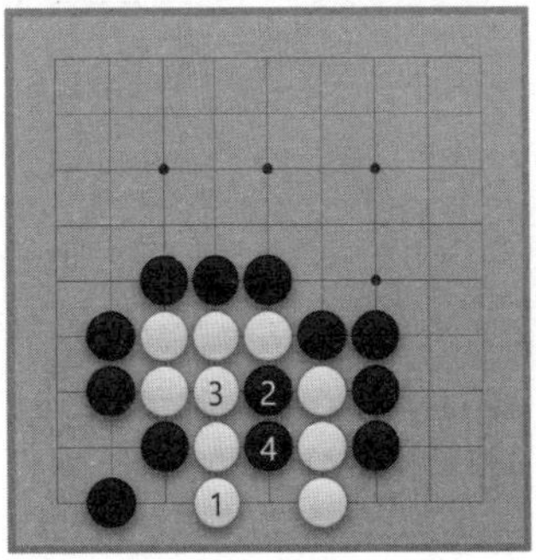

正解图

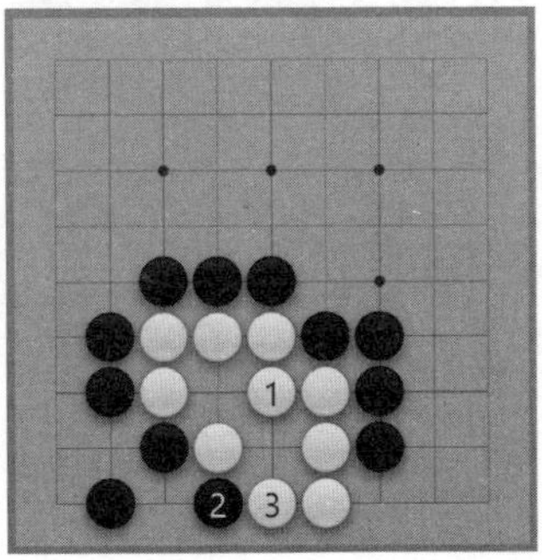

第382题

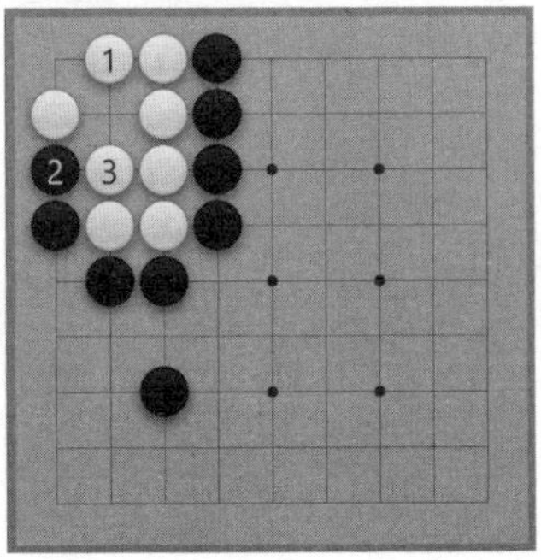

第383题

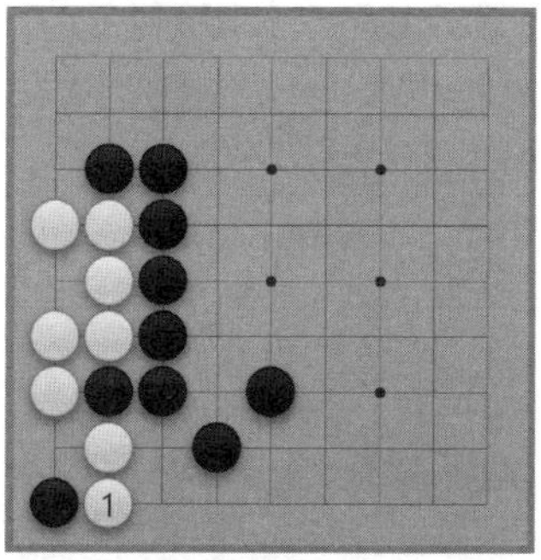

第384题　失败图 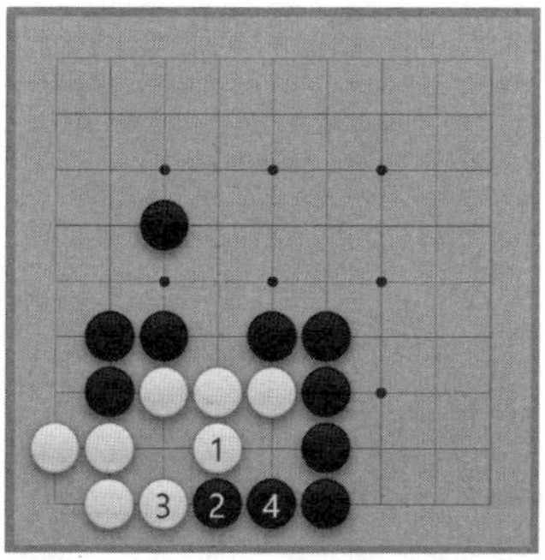　　正解图

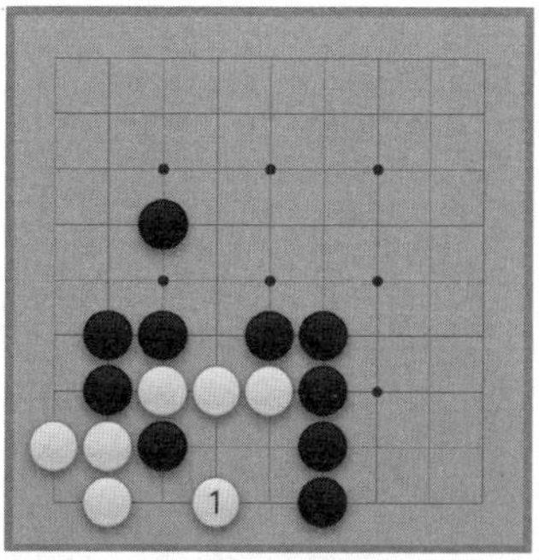

第385题　失败图 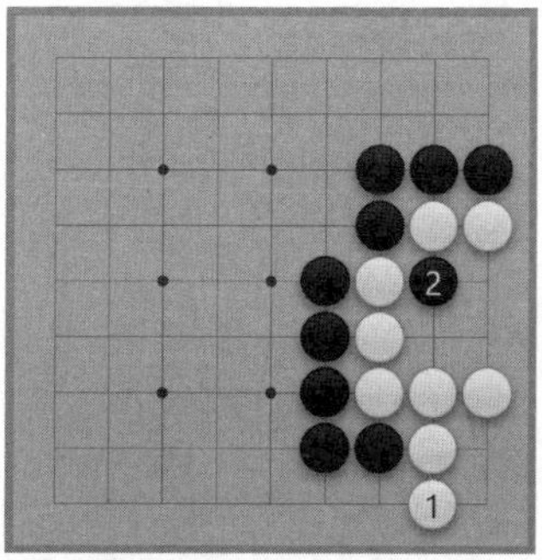　　正解图

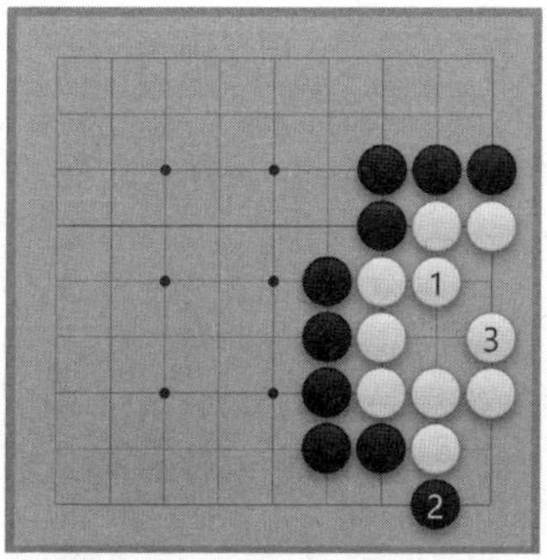

第386题

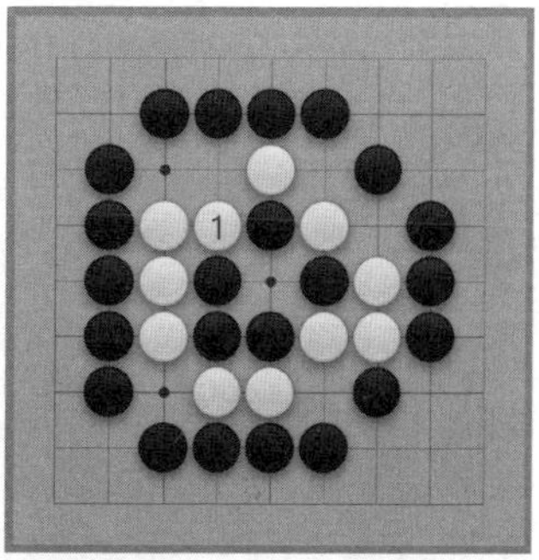

第387题　4=2

第388题

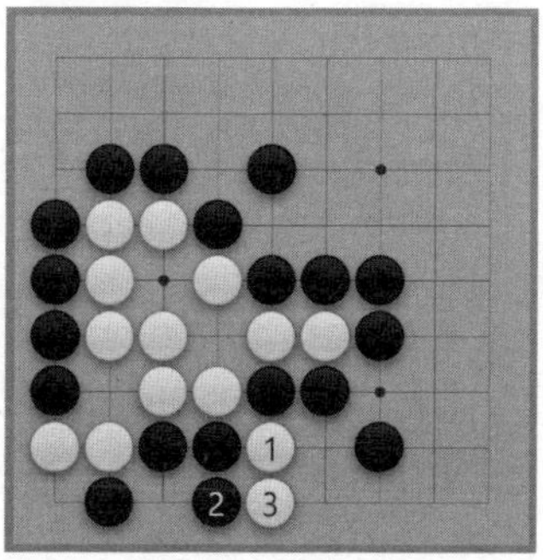

第389题

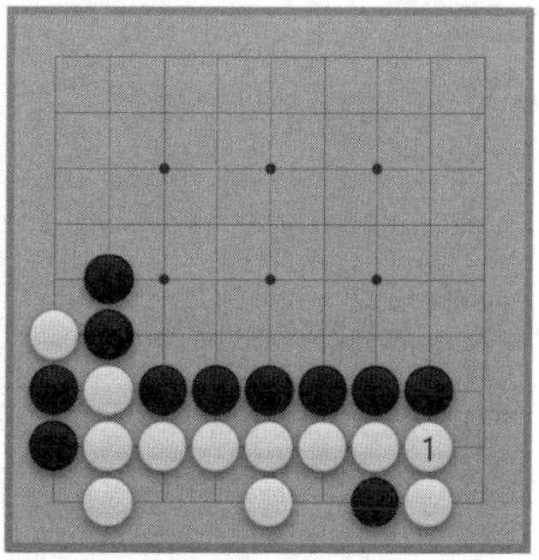

第390题　　失败图

4=△

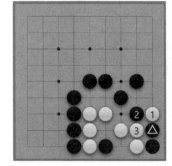

正解　　6=2，7=○

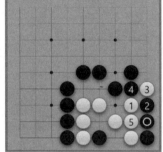

第391题　　黑3则白2

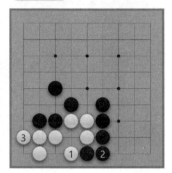

第392题

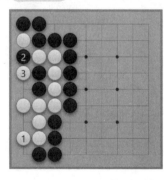

第393题

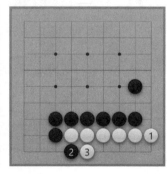

第394题　　失败图

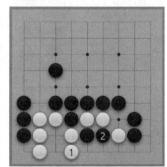

正解图

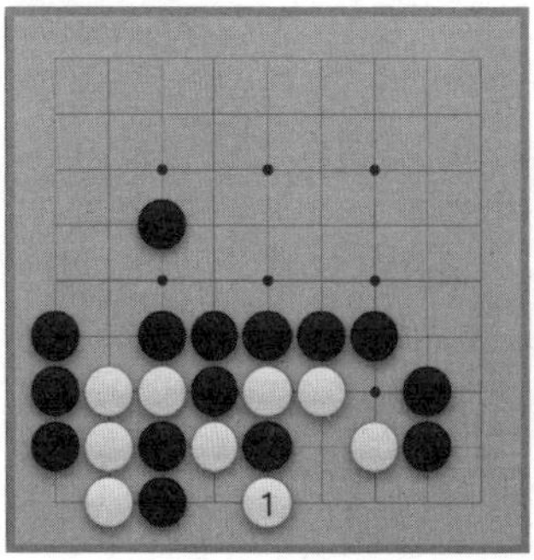

第395题

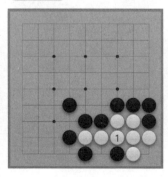

第396题　　失败图

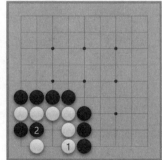

正解图

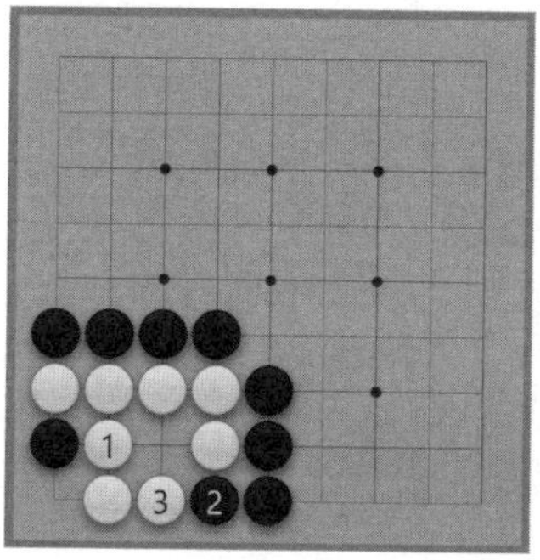

第397题

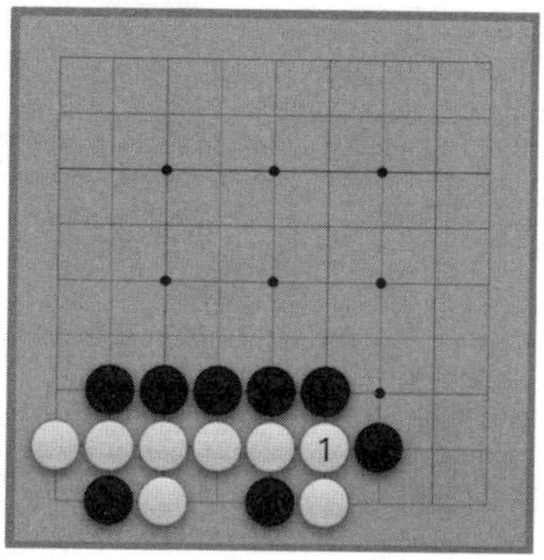

第398题

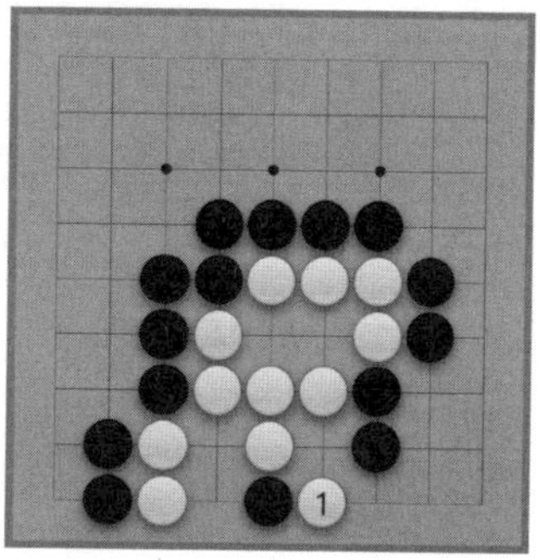

第399题

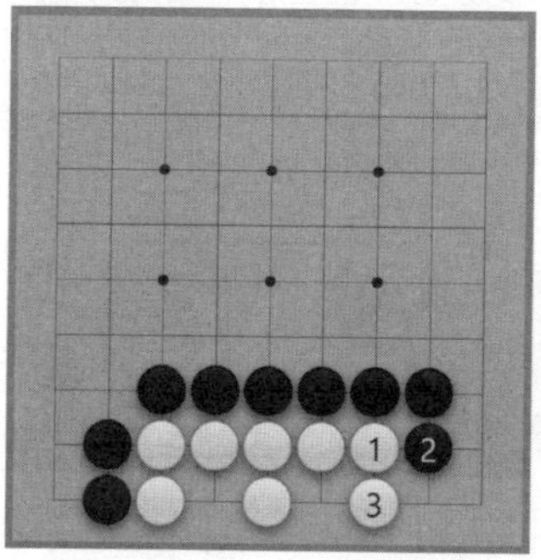

第400题

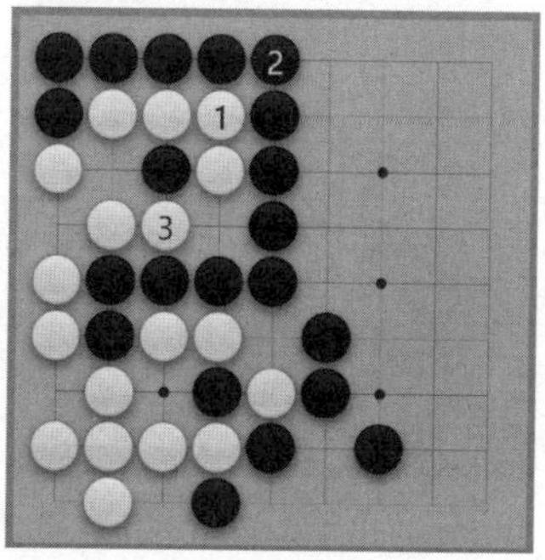

第401题　　失败图

形成打劫

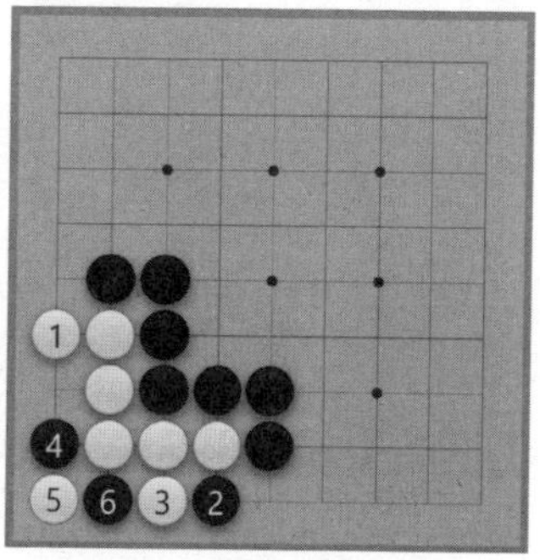

正解图

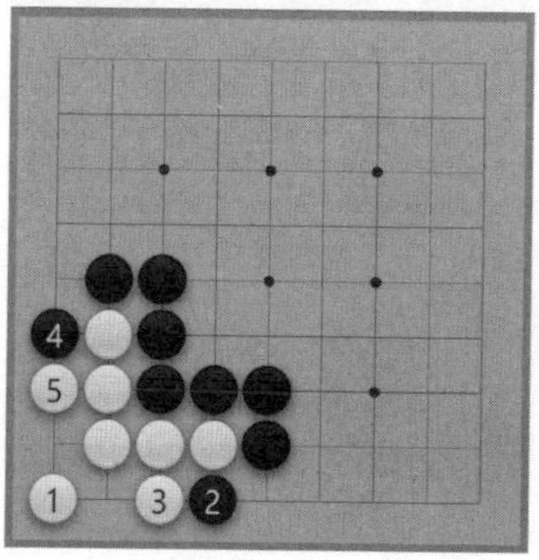

第402题

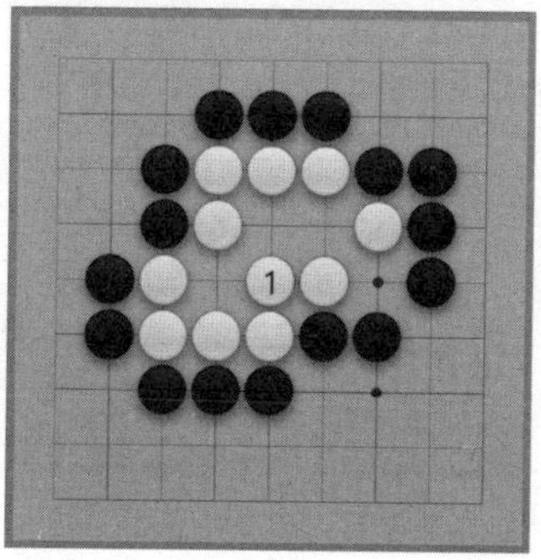

第403题　　失败图

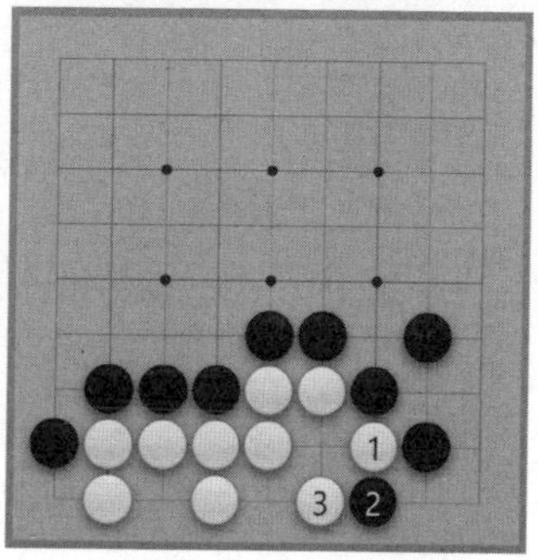

形成打劫　　第404题　　失败图 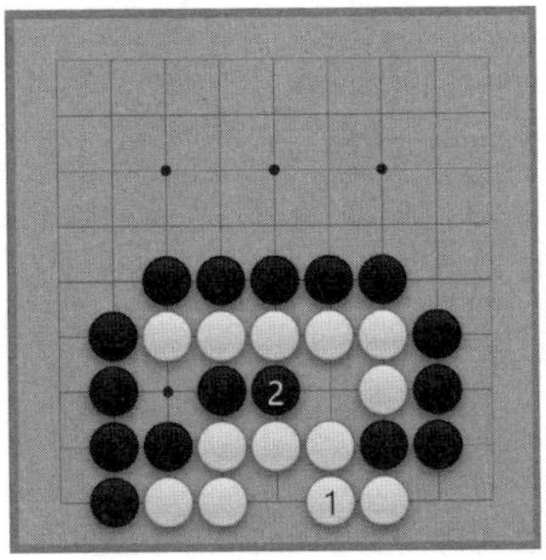　　正解图

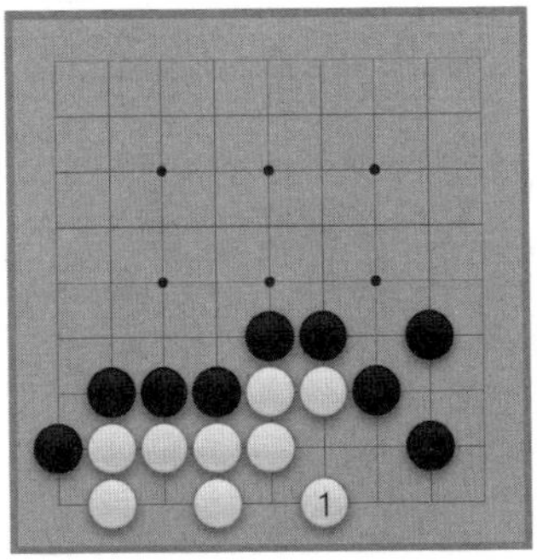

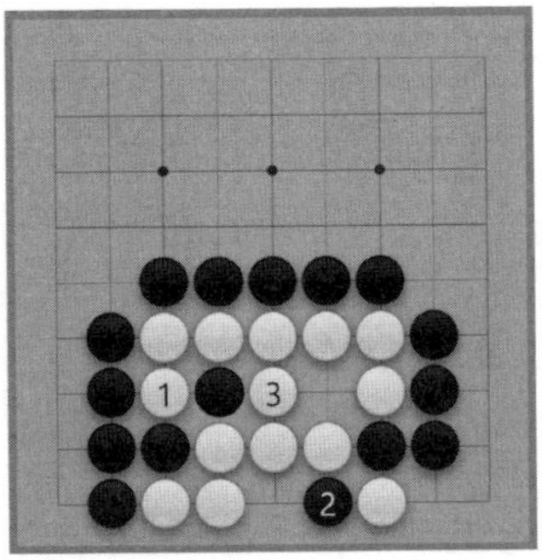

第405题　　失败图 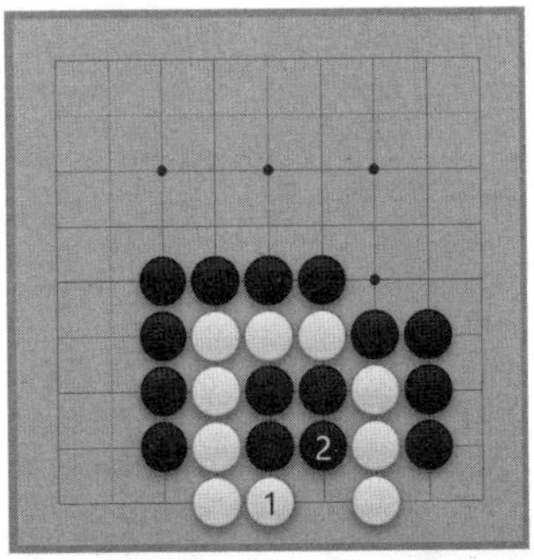　　正解图 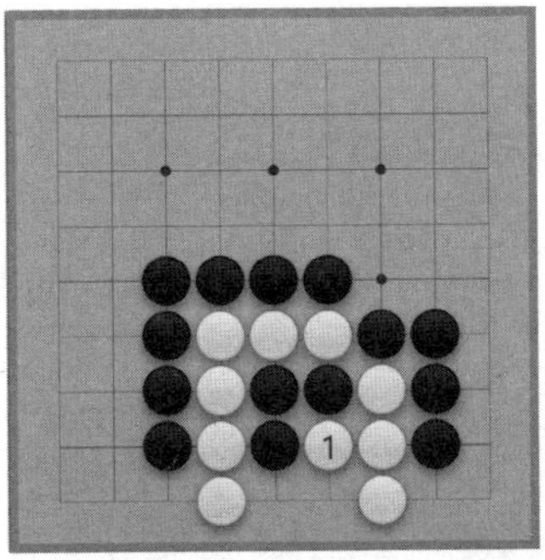　　第406题

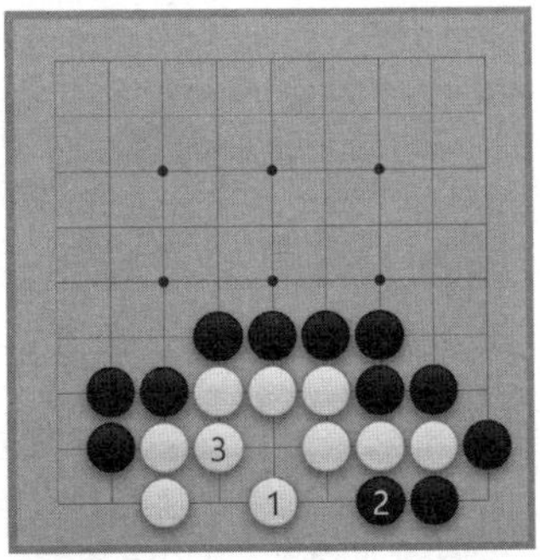

第407题　　失败图 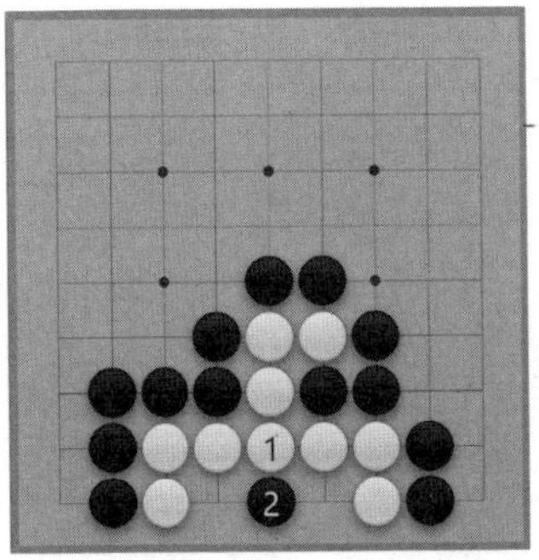　　正解图　　3=△ 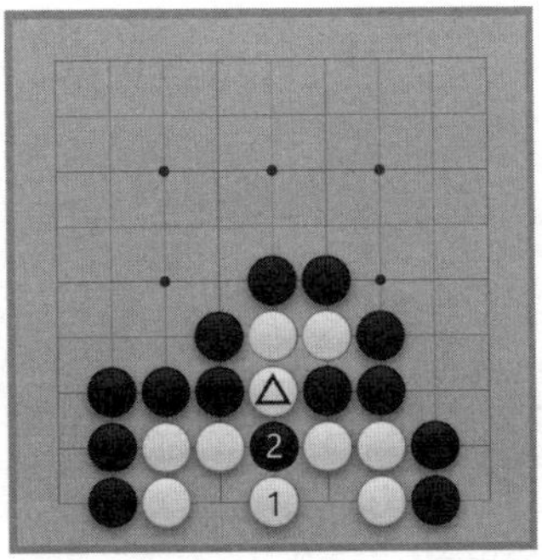　　第408题

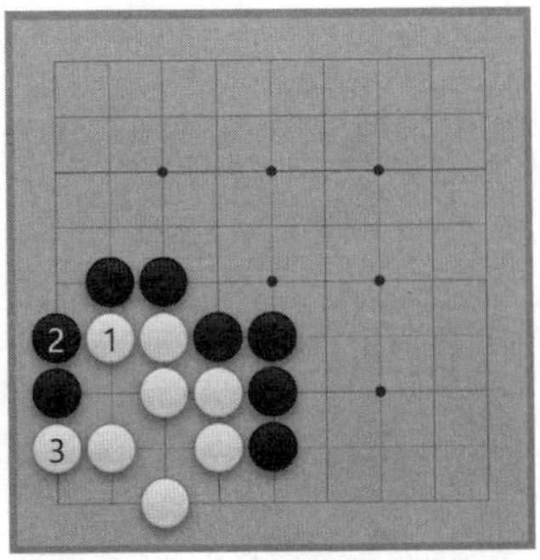

第409题

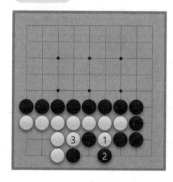

第410题

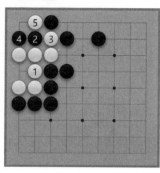

第411题

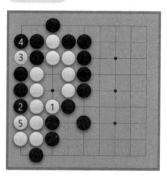

第412题　　失败图，

此图为双活　　　　正解图

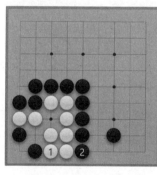

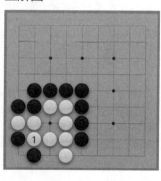

第413题

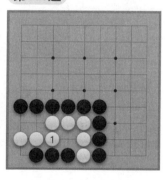

第414题　　3=△

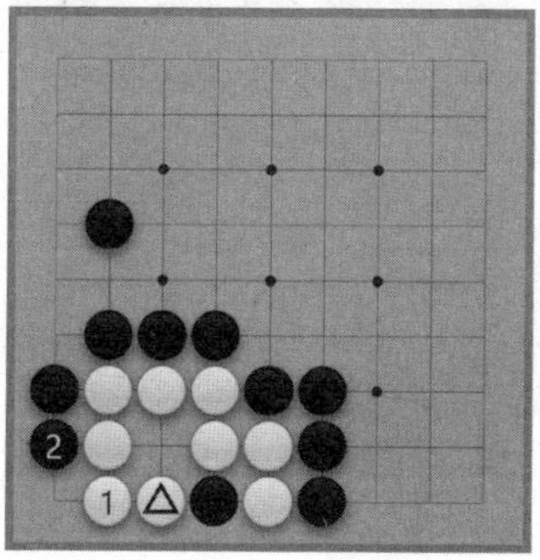

第415题　　失败图

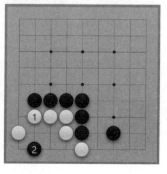

正解图

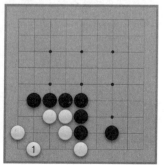

第416题

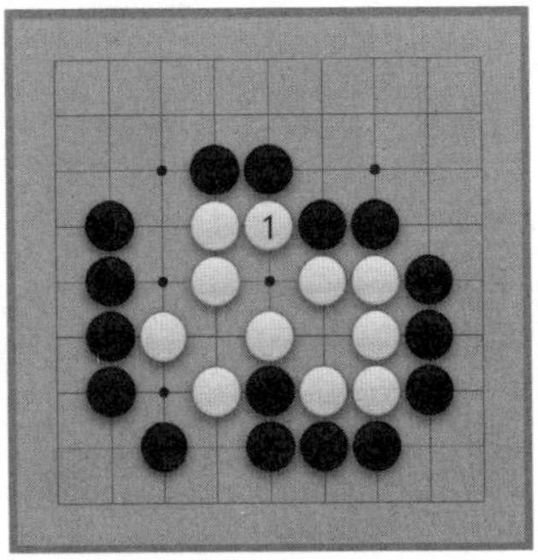

第417题　黑3则白2

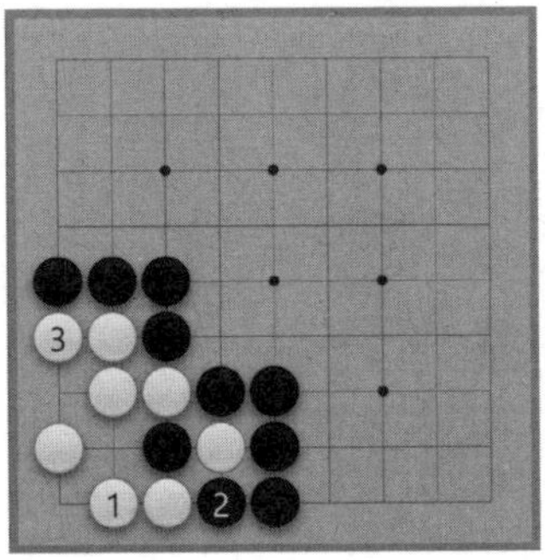

第418题　失败图

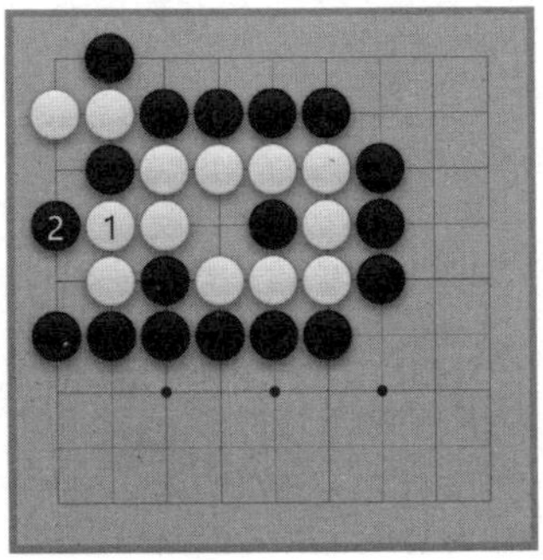

正解图

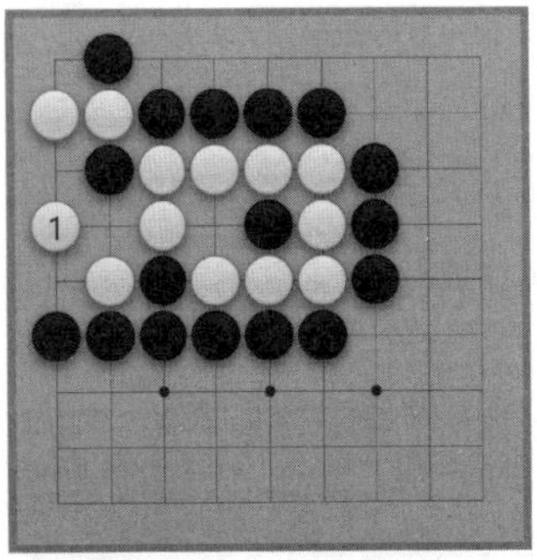

第419题　3=△

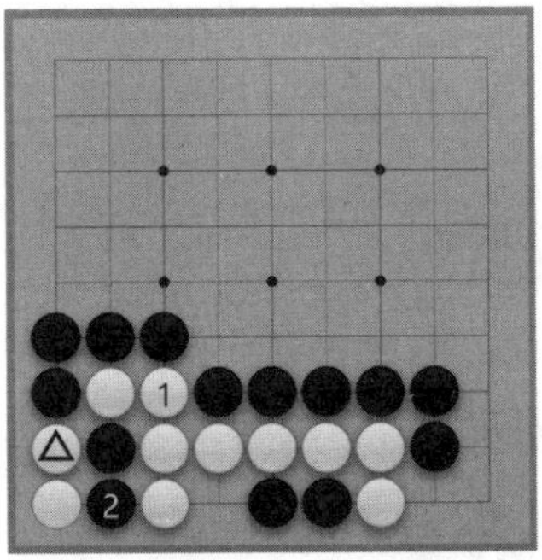

第420题　失败图

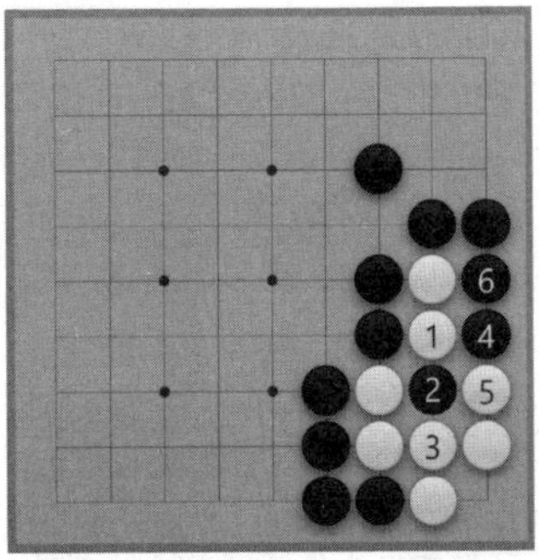

正解图

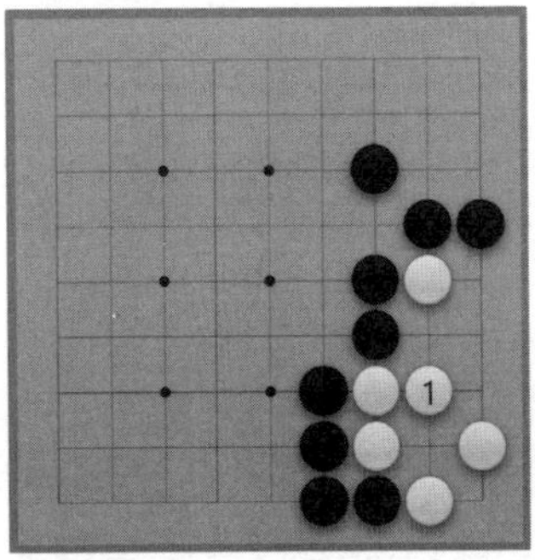

第421题

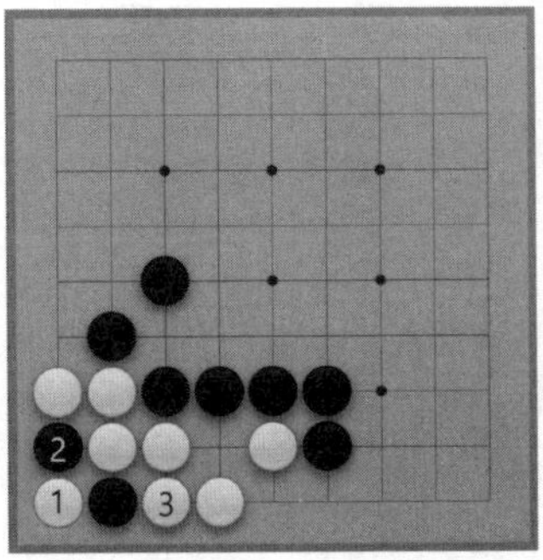

第422题　失败图

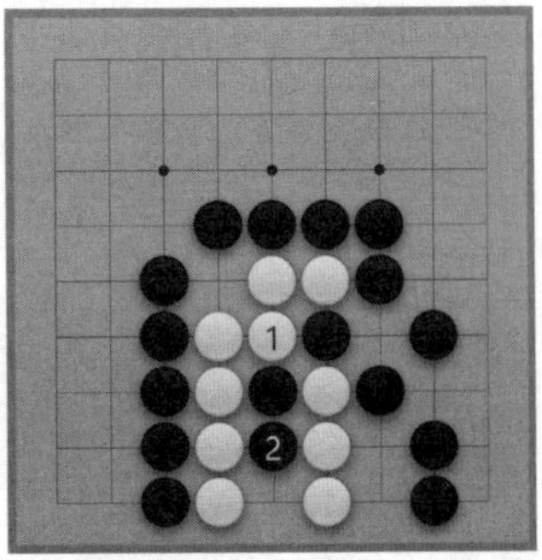

正解图

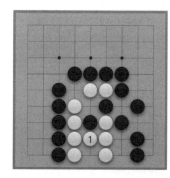

失败图

正解图

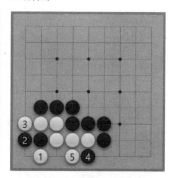

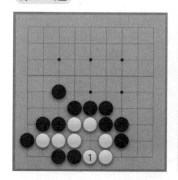

失败图1

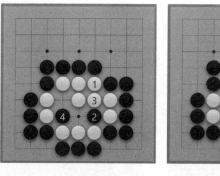

失败图2

失败图3

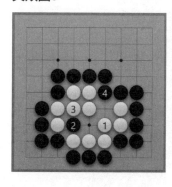

失败图4

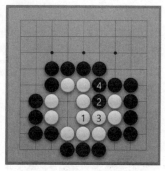

正解图

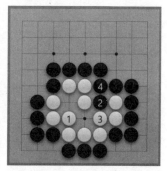

第427题　　失败图

第426题

6=2 形成打劫

正解图

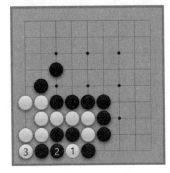

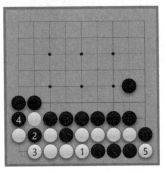

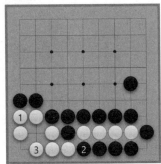

第428题

第429题

第430题

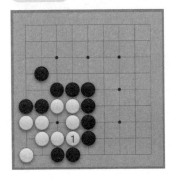

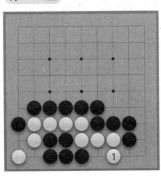

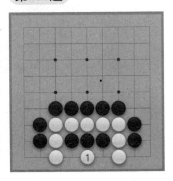

第431题　　失败图

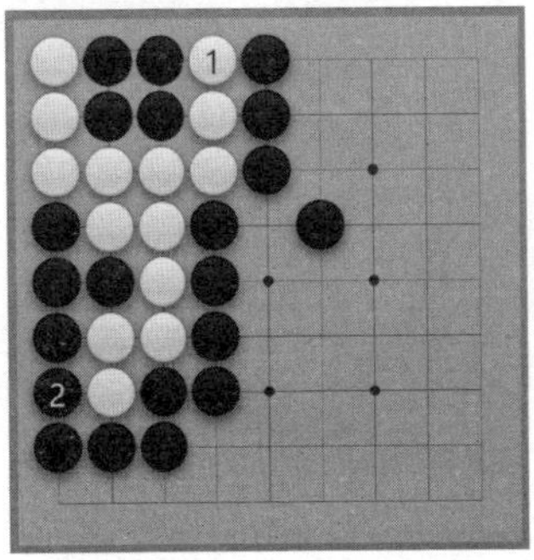

正解图　　3=△

第432题

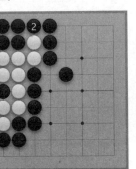

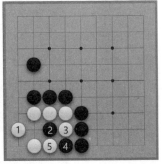

第434题

本题中的白棋不仅能逃跑，
还可以完成反杀

第433题

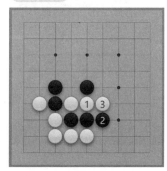

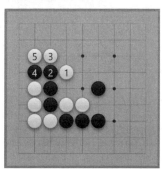

第435题

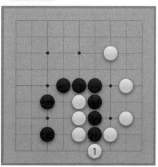

第436题

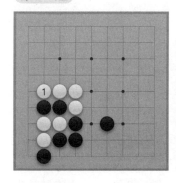

第437题

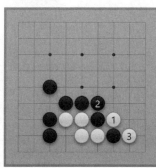

第438题

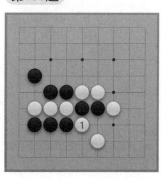

第439题

第440题

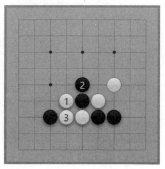

第441题

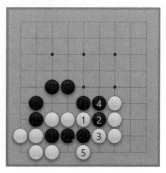

第442题　左下角黑子因气短而"自然死亡"

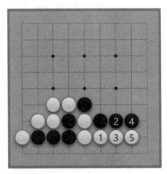

第443题

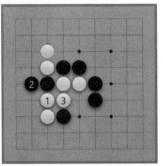

第444题

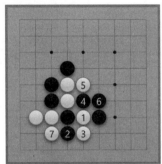

第445题　白吃黑

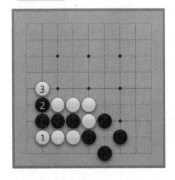

第446题　白吃黑

第447题　白吃黑

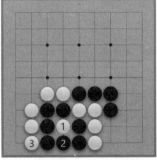

第448题　黑吃白，有眼杀无眼

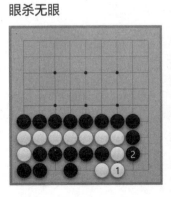

第449题　5=2，黑吃白，黑2是延气妙手

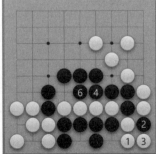

第450题　白吃黑，先紧外气是关键

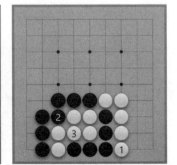

正解图

第451题　　失败图　　白吃黑　　　　第452题　　白吃黑

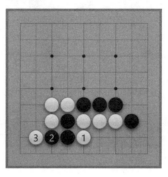 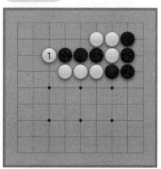

正解图

第453题　　失败图　　白吃黑　　　　第454题　　白吃黑

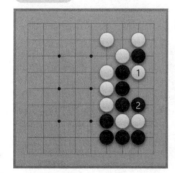 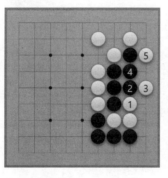 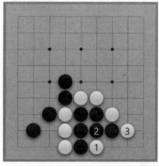

第456题　　黑吃白，
第455题　　双活　　长气杀有眼　　　　第457题　　（1）

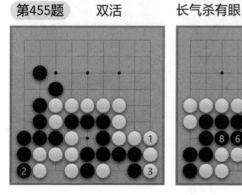 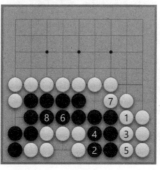 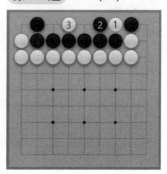

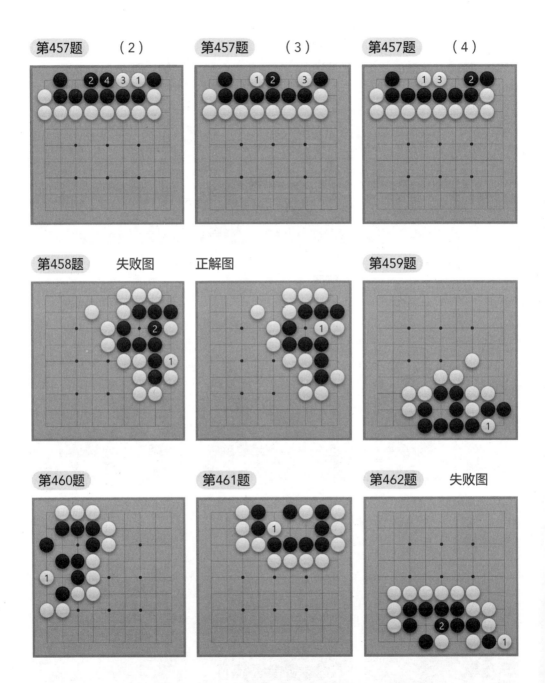

第457题　　（2）

第457题　　　（3）

第457题　　　（4）

第458题　失败图

正解图

第459题

第460题

第461题

第462题　失败图

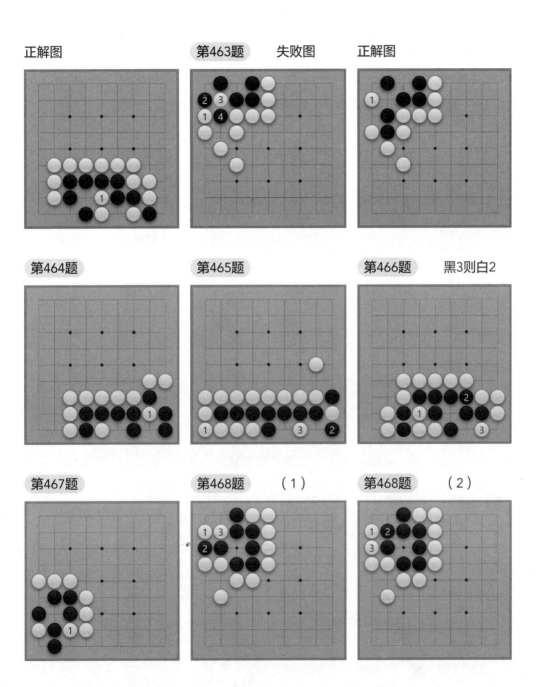

正解图　　第463题　失败图　　正解图

第464题　　第465题　　第466题　黑3则白2

第467题　　第468题　（1）　第468题　（2）

第469题　　失败图

至黑4，局部成打劫活

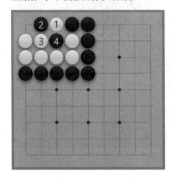

正解图

黑3则白2

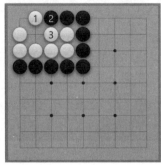

第470题　　失败图

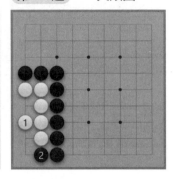

正解图

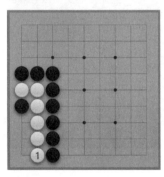

第471题

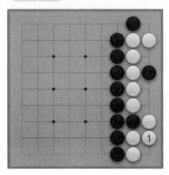

第472题

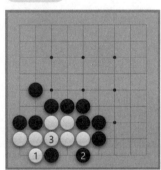

第473题　　失败图

至黑4，局部成打劫活

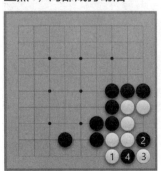

正解图

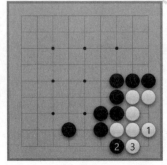

第474题

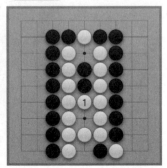

第475题

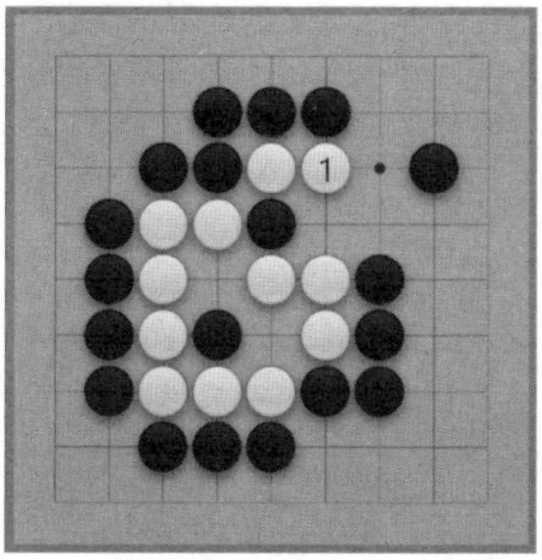

第476题

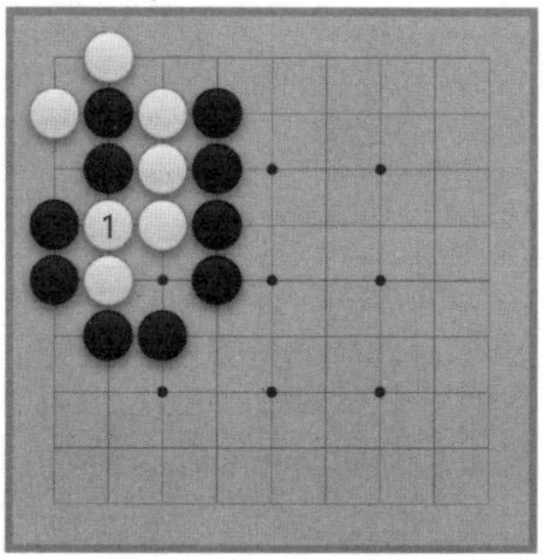

第477题

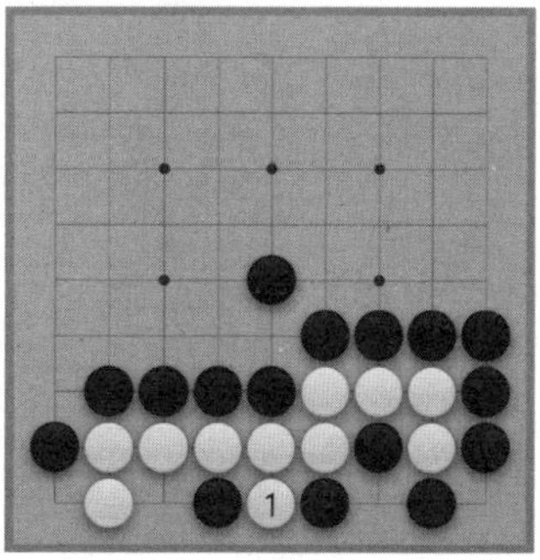

第478题

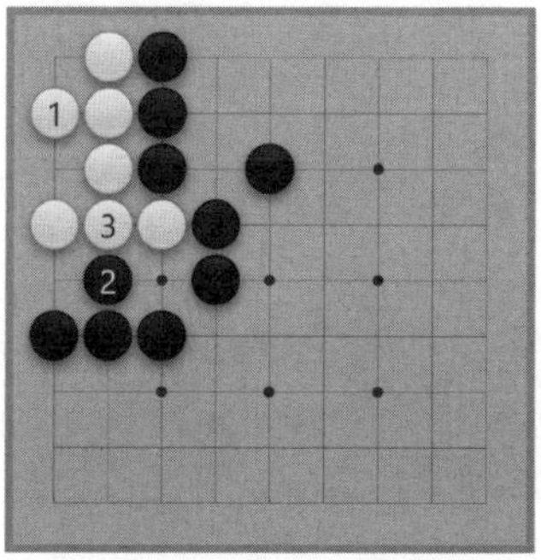

第479题

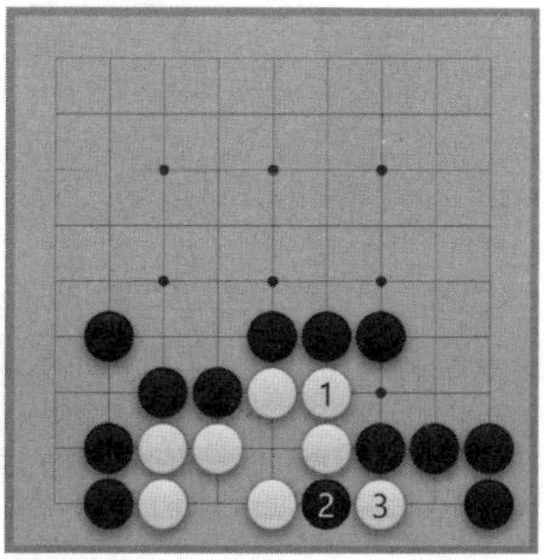

第480题 （1）

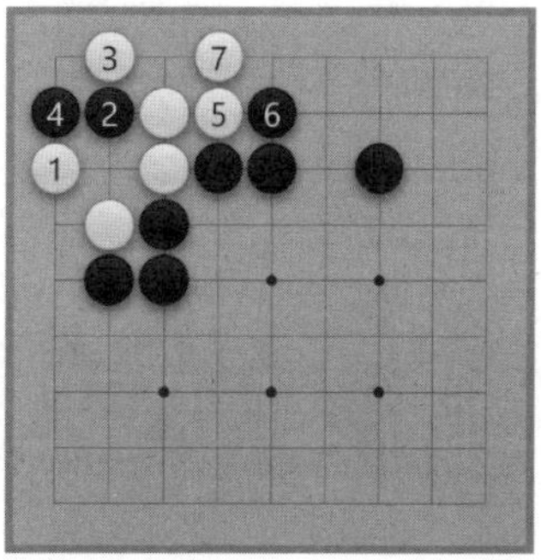

第480题 （2）

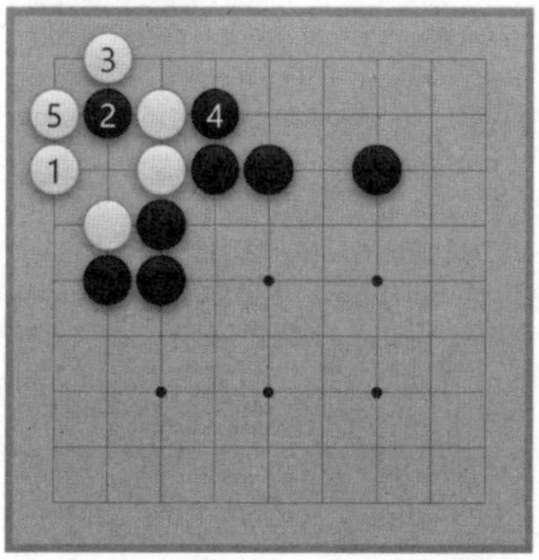

第481题

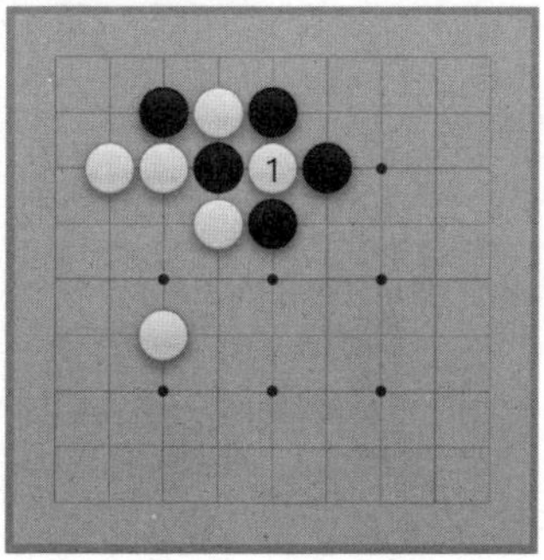

第482题

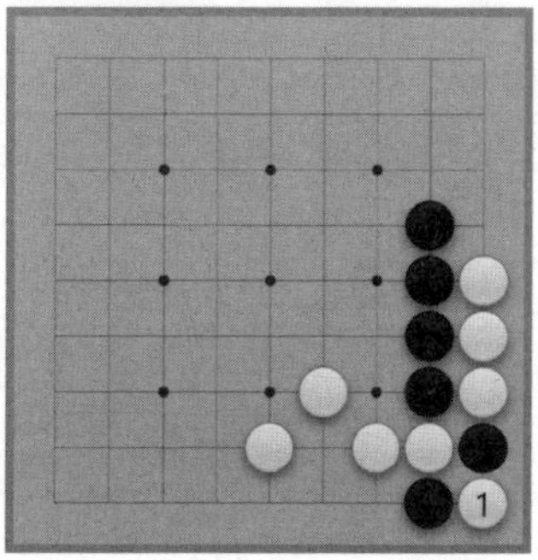

第483题

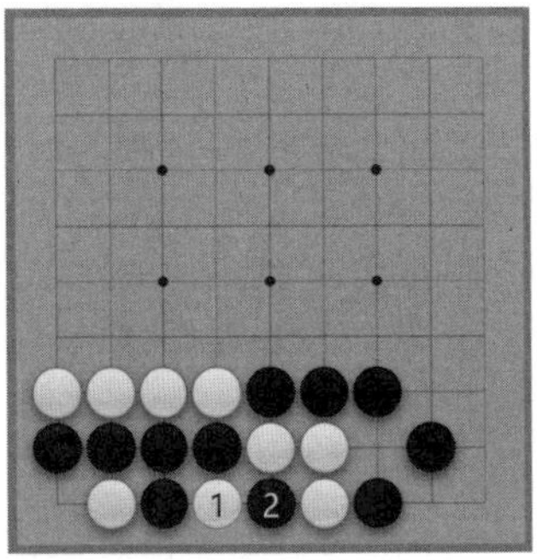

第484题

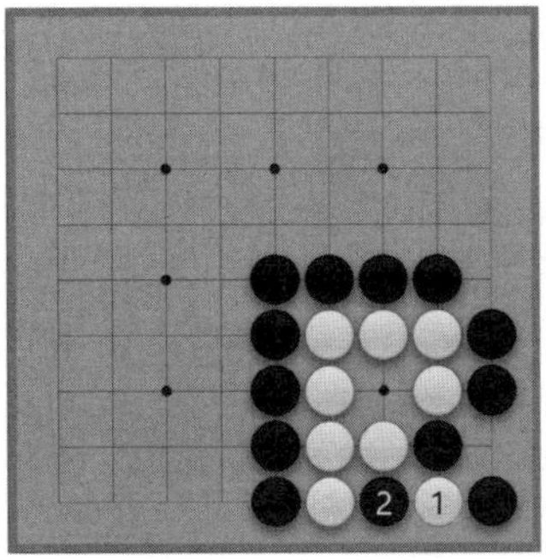

第485题

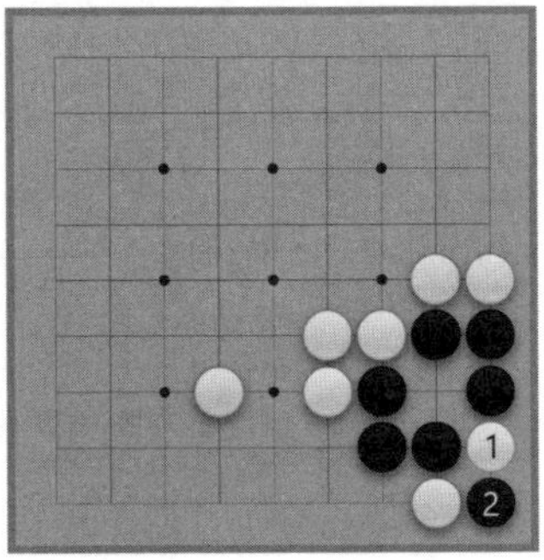

第486题

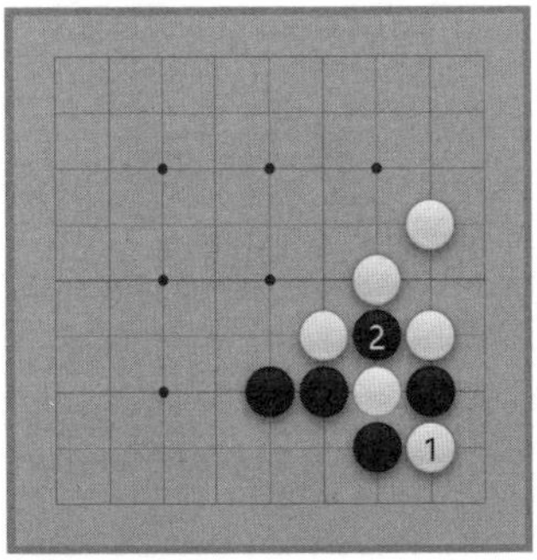

第487题

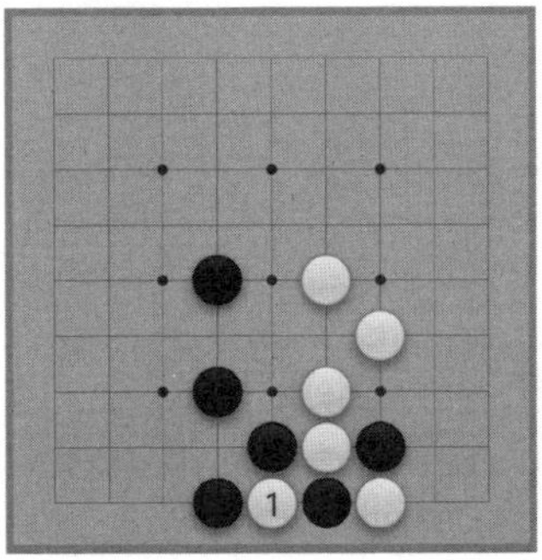

第488题

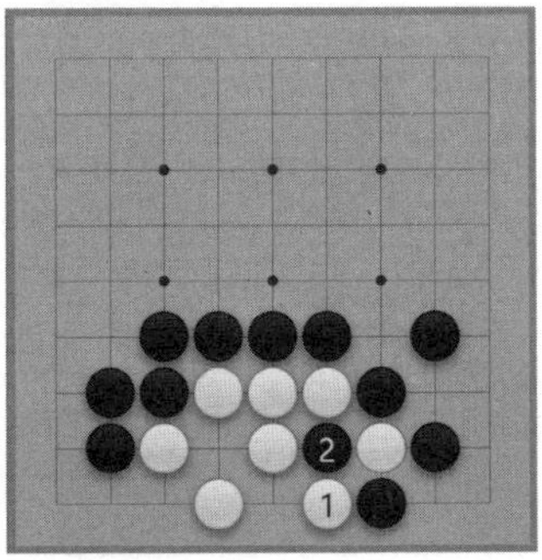

第489题

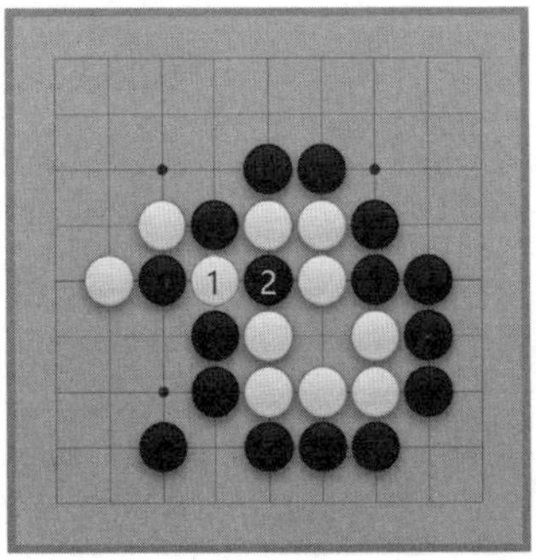

第490题

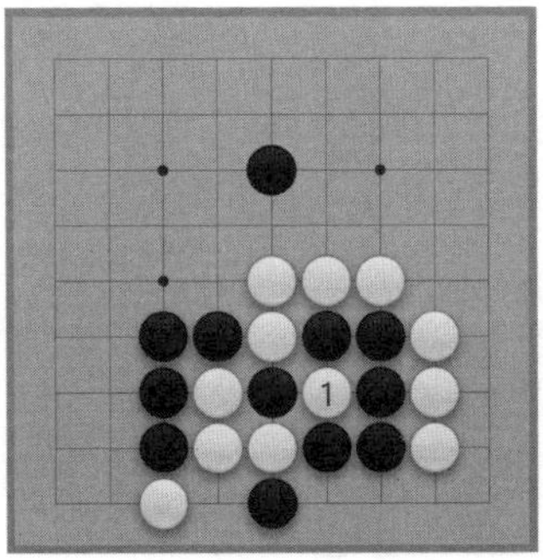

第491题

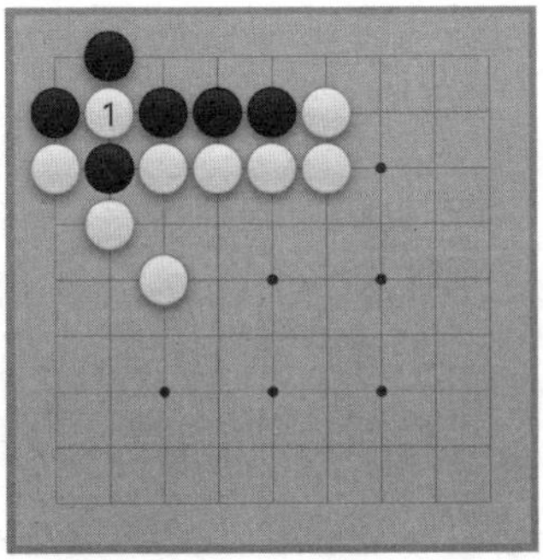

第492题

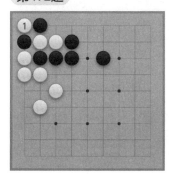

第493题

对杀结果为黑吃白

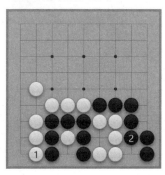

第494题

对杀结果为白吃黑

第495题　局部为双活

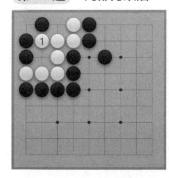

第496题　失败图

局部为打劫活

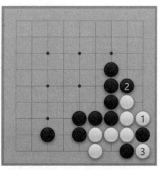

正解图

局部为双活

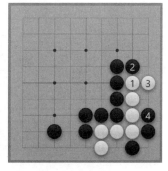

第497题　局部为双活

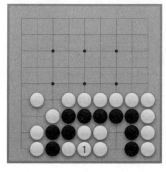

第498题　双活

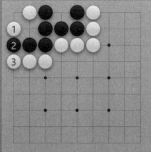

第499题　局部为白吃黑

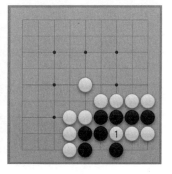

第500题　局部为双活

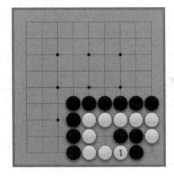

第501题　局部为双活

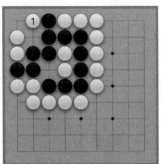

第502题　局部为双活

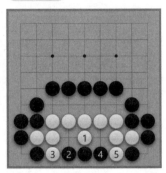